中国关键词

PALAVRAS-CHAVE PARA CONHECER A CHINA

中国外文出版发行事业局（CIPG）
中国翻译研究院（CATL）
中国翻译协会（TAC）

新世界出版社
NEW WORLD PRESS

Primeira Edição 2017

Compilado pela Administração de Publicações em Línguas Estrangeiras da China, Academia Chinesa de Tradução e Associação de Tradutores da China
Tradução: Wei Ling, Shi Liang, Zhu Wenjun, Li Jinchuan, Rafael Imolene Fontana (Brasil)

ISBN 978-7-5104-6254-2

Editora: New World Press
Endereço: Av. Baiwanzhuang, nº 24, Distrito de Xicheng, Beijing, 100037, China
Distribuição: New World Press
Endereço: Av. Baiwanzhuang, nº 24, Distrito de Xicheng, Beijing, 100037, China

Tel: 86-10-68995968
Fax: 86-10-68998705
Http://www.nwp.com.cn
E-mail: nwpcd@sina.com

Impresso na República Popular da China

《中国关键词：“一带一路”篇》
图书编委会名单

PALAVRAS-CHAVE PARA CONHECER A CHINA
—— "UM CINTURÃO E UMA ROTA"

CONSELHO EDITORIAL

前言

《中国关键词："一带一路"篇》多文种系列图书是"中国关键词多语对外传播平台"项目成果。

"中国关键词多语对外传播平台"是中国外文出版发行事业局、中国翻译研究院和中国翻译协会联合组织实施的国家重点项目，主要围绕以习近平同志为核心的党中央治国理政新理念、新思想、新战略，进行中文词条专题编写、解读以及多语种编译，通过平面、网络和移动社交平台等多媒体、多渠道、多形态及时持续对外发布，旨在以国外受众易于阅读和理解的方式，阐释中国理念和中国思想，解读中国政策和中国发展道路。

为了使读者更全面、客观地了解"一带一路"倡议，《中国关键词》项目组联合中央相关部委、涉外新闻媒体、科研机构以及高等院校等的研究及翻译专家，系统梳理、专题编写、编译出版了《中国关键词："一带一路"篇》中外对照多文种系列图书，涵盖英语、法语、俄语、西班牙语、阿拉伯语、德语、葡语、意大利语、日语、韩语、越南语、印尼语、土耳其语、哈萨克语 14 个语种。

由于能力及时间所限，在中文词条选择和编写这些“关键词”时，难免挂一漏万，表述也可能存在偏颇，尤其是在介绍相关国家倡议和前期合作项目时，只提供了部分线索；外文译文表达也可能多有不足，仅供阅读参考，欢迎读者指正。

讲故事需要关键词，讲好中国故事需要中国关键词。让我们用“中国关键词”点击中国、沟通世界。

Prefácio

Palavras-Chave para Conhecer a China – "Um Cinturão e Uma Rota" é uma série de livros bilíngues dentro do projeto "Plataforma multilíngue de palavras-chave para conhecer a China".

A "Plataforma multilíngue de palavras-chave para conhecer a China" é um projeto prioritário nacional da China e conta com a participação da Administração de Publicações em Línguas Estrangeiras da China, da Academia Chinesa de Tradução e da Associação de Tradutores da China, que redigem, em vários tópicos, termos relevantes em torno de novos conceitos, ideias e estratégias de administração e governança do Comitê Central do Partido Comunista da China (PCCh) com o camarada Xi Jinping como núcleo, interpretando-os, organizando a tradução multilíngue e publicando-os de maneira oportuna e contínua por diferentes canais e formatos como versão física, on-line e plataformas móveis, de modo a esclarecer de maneira acessível e compreensível os conceitos, pensamentos e políticas, bem como o caminho de desenvolvimento da China, à comunidade internacional.

Para que os leitores conheçam de forma mais abrangente e objetiva a iniciativa "Um Cinturão e Uma Rota", o grupo de redação do *Palavras-Chave para Conhecer a China*, junto com especialistas de vários departamentos governamentais, veículos de imprensa, instituições de pesquisa e escolas superiores, organiza a compilação e tradução dos termos selecionados e publica esta série de livros bilíngues *Palavras-Chave para Conhecer a China – "Um Cinturão e Uma Rota"* em chinês e 14 línguas estrangeiras: português, inglês, francês, russo, espanhol, árabe, alemão, italiano, japonês, coreano, vietnamita, indonésio, turco e cazaque.

Devido ao tempo limitado, esta série pode conter alguma insuficiência na seleção, compilação ou tradução, especialmente, no que diz respeito a iniciativas e projetos de cooperação da colheita precoce, fornecendo apenas dados preliminares. Por esta razão, opiniões e sugestões dos leitores são bem-vindas.

As palavras-chave dão acesso fácil às histórias. O *Palavras-Chave para Conhecer a China* ajuda a conhecer melhor este país. Que a nova série de livros bilíngues sirva como uma ponte de entendimento entre a China e o mundo.

ÍNDICE
目 录

基本概念 · Noções básicas

"一带一路" ······ 002
"Um Cinturão e Uma Rota"

丝绸之路经济带 ······ 004
Cinturão Econômico da Rota da Seda

21 世纪海上丝绸之路 ······ 006
Rota da Seda Marítima do Século 21

丝路精神 ······ 008
Espírito da Rota da Seda

丝路基金 ······ 010
Fundo da Rota da Seda

亚洲基础设施投资银行 ······ 012
Banco Asiático de Investimento em Infraestrutura

推进"一带一路"建设工作领导小组 ······ 014
Grupo Dirigente para a Implementação da Iniciativa "Um Cinturão e Uma Rota"

《推动共建丝绸之路经济带和 21 世纪海上丝绸之路的愿景与行动》 ······ 016
Perspectiva e Ação sobre a Construção Conjunta do Cinturão Econômico da Rota da Seda e da Rota da Seda Marítima do Século 21

"五通" 020
"Cinco Conexões"

建设目标 · Metas de implementação

利益共同体 024
Comunidade de interesses comuns

责任共同体 026
Comunidade de responsabilidade comum

命运共同体 028
Comunidade de destino comum

绿色丝绸之路 032
Rota da Seda verde

健康丝绸之路 036
Rota da Seda saudável

智力丝绸之路 038
Rota da Seda inteligente

和平丝绸之路 040
Rota da Seda pacífica

合作重点 · Prioridades de cooperação

政策沟通 044
Coordenação de políticas

设施联通 046
Conectividade de infraestrutura

贸易畅通 048
Livre fluxo de comércio

资金融通 052
Integração financeira

民心相通 056
Entendimento entre os povos

“走廊”建设 · Construção de corredores

中蒙俄经济走廊 060
Corredor Econômico China-Mongólia-Rússia

新亚欧大陆桥 064
Nova Ponte Continental da Eurásia

中国—中亚—西亚经济走廊 068
Corredor Econômico China-Ásia Central-Ásia Ocidental

中国—中南半岛经济走廊 070
Corredor Econômico China-Península Indochinesa

中巴经济走廊 074
Corredor Econômico China-Paquistão

孟中印缅经济走廊 078
Corredor Econômico Bangladesh-China-Índia-Mianmar

合作机制 · Mecanismos de cooperação

上海合作组织 ······ 082
Organização de Cooperação de Shanghai

中国—东盟“10+1”机制 ······ 086
“Mecanismo 10+1” entre a China e a Associação das Nações do Sudeste Asiático

亚太经济合作组织 ······ 088
Cooperação Econômica Ásia-Pacífico

亚欧会议 ······ 092
Conferência Ásia-Europa

亚洲合作对话 ······ 096
Diálogo de Cooperação da Ásia

亚信会议 ······ 098
Conferência sobre Interação e Medidas de Construção da Confiança na Ásia

中阿合作论坛 ······ 102
Fórum de Cooperação China-Estados Árabes

中国—海合会战略对话 ······ 104
Diálogo Estratégico China-Conselho de Cooperação do Golfo

大湄公河次区域经济合作 ······ 108
Cooperação Econômica da Sub-Região do Grande Mekong

中亚区域经济合作 ······ 110
Cooperação Econômica Regional da Ásia Central

中国—中东欧国家合作 ········ 112
"Cooperação 16+1" entre a China e os Países do Centro e Leste da Europa

中非合作论坛 ········ 116
Fórum de Cooperação China-África

其他国家或组织倡议 · Outras iniciativas

联合国"丝绸之路复兴计划" ········ 120
ONU: Iniciativa "Rota da Seda"

俄罗斯"欧亚联盟" ········ 122
Rússia: Iniciativa "União Eurasiática"

哈萨克斯坦"光明之路" ········ 126
Cazaquistão: Iniciativa "Rota Brilhante"

蒙古国"草原之路" ········ 128
Mongólia: Programa "Rota da Pradaria"

印度"季风计划" ········ 130
Índia: "Plano de Monção"

俄印伊"北南走廊计划" ········ 132
Rússia-Índia-Irã: "Plano do Corredor Norte-Sul"

欧盟"南部能源走廊" ········ 136
União Europeia: "Corredor Meridional"

美国"新丝绸之路计划" ········ 138
Estados Unidos: Iniciativa "Nova Rota da Seda"

韩国"丝绸之路快速铁路" ········ 142
Coreia do Sul: "Expresso da Rota da Seda"

日本“丝绸之路外交”……144
Japão: “Diplomacia da Rota da Seda”

合作案例 · Projetos de cooperação

中白工业园……150
Parque Industrial China-Belarus

瓜达尔港自由区……154
Zona Livre do Porto de Gwadar

科伦坡港口城……158
Cidade Portuária de Colombo

中欧班列……160
Trem de Carga China-Europa

雅万铁路……164
Ferrovia Jacarta-Bandung

中老铁路……166
Ferrovia China-Laos

中泰铁路……170
Ferrovia China-Tailândia

蒙内铁路……172
Ferrovia Mombaça-Nairóbi

亚的斯—阿达玛高速公路……174
Autoestrada Adis Abeba-Adama

卡洛特水电站……176
Usina Hidrelétrica de Karot

基本概念

Noções básicas

“一带一路”

“一带一路”是“丝绸之路经济带”和“21世纪海上丝绸之路”的简称。2013年9月和10月，中国国家主席习近平出访中亚和东南亚时，分别提出了与相关国家共同建设“丝绸之路经济带”和“21世纪海上丝绸之路”的倡议。该倡议以实现“政策沟通、设施联通、贸易畅通、资金融通、民心相通”为主要内容，以“共商、共建、共享”为原则，实实在在地造福沿线国家和人民。“一带一路”主要涵盖东亚、东南亚、南亚、西亚、中亚和中东欧等国家和地区。“一带一路”建设符合有关各方共同利益，顺应地区和全球合作潮流，得到了沿线国家的积极响应。截止到2016年年底，已有100多个国家和国际组织表达了支持和参与“一带一路”建设的积极意愿，40多个国家和国际组织与中国签署了共建“一带一路”政府间合作协议。

"Um Cinturão e Uma Rota"

"Um Cinturão e Uma Rota" é a forma abreviada para se referir ao Cinturão Econômico da Rota da Seda e à Rota da Seda Marítima do Século 21. Em setembro e outubro de 2013, durante suas visitas à Ásia Central e ao Sudeste Asiático, respectivamente, o presidente chinês, Xi Jinping, propôs a iniciativa de construção conjunta com os países concernentes do Cinturão Econômico da Rota da Seda e da Rota da Seda Marítima do Século 21. A iniciativa tem como conceitos principais a coordenação de políticas, a conectividade de infraestrutura, o livre fluxo de comércio, a integração financeira e o entendimento entre os povos, assim como a consulta mútua, a construção conjunta e o compartilhamento de frutos como princípios, visando trazer benefícios reais aos países e aos povos ao longo do Cinturão e da Rota.

A iniciativa "Um Cinturão e Uma Rota" cobre principalmente os países e regiões do Leste Asiático, Sudeste Asiático, Sul da Ásia, Ásia Ocidental, Ásia Central e Centro e Leste da Europa. A sua construção corresponde aos interesses comuns de todas as partes envolvidas e está em conformidade com a tendência de cooperação regional e global, recebendo respostas ativas dos países ao longo do Cinturão e da Rota. Até fins de 2016, mais de 100 países e organizações internacionais e regionais expressaram o apoio e a vontade de participar da implementação da iniciativa e mais de 40 países e organizações internacionais assinaram com a China, acordos de cooperação intergovernamental relativos ao Cinturão e à Rota.

丝绸之路经济带

2100 多年前，中国汉代的张骞两次出使西域，开启了中国同中亚各国友好交往的大门，开辟出一条横贯东西、连接欧亚的丝绸之路。千百年来，在这条古老的丝绸之路上，各国人民共同谱写出千古传诵的友好篇章。为了使欧亚各国经济联系更加紧密、相互合作更加深入、发展空间更加广阔，2013 年 9 月 7 日，习近平主席在哈萨克斯坦纳扎尔巴耶夫大学发表演讲时提出，用创新的合作模式，共同建设丝绸之路经济带，以点带面，从线到片，逐步形成区域大合作。丝绸之路经济带东边牵着亚太经济圈，西边系着发达的欧洲经济圈，被认为是“世界上最长、最具有发展潜力的经济大走廊”。

Cinturão Econômico da Rota da Seda

Há mais de 2.100 anos, o emissário chinês, Zhang Qian, da dinastia Han (206 a.C. - 220 d.C.), visitou duas vezes a Ásia Central, abrindo a porta do intercâmbio amistoso entre a China e os países da região e inaugurando a Rota da Seda que ligava o Oriente ao Ocidente e a Ásia à Europa. No decorrer de milhares de anos, os povos dos países ao longo da antiga Rota da Seda escreveram juntos capítulos de amizade.

Tendo em vista o estreitamento dos laços econômicos, o aprofundamento da cooperação entre os países eurasiáticos e a ampliação de seus espaços de desenvolvimento, o presidente chinês Xi Jinping, quando proferiu um discurso na Universidade Nazarbayev do Cazaquistão, no dia 7 de setembro de 2013, propôs construir conjuntamente o Cinturão Econômico da Rota da Seda por meio de um modelo inovador de cooperação e sugeriu estender passo a passo a cooperação para toda a região.

Ligado ao Circuito Econômico Ásia-Pacífico no Oriente e ao desenvolvido Circuito Econômico da Europa no Ocidente, o Cinturão Econômico da Rota da Seda é considerado o “corredor econômico mais extenso e com o maior potencial de desenvolvimento do mundo”.

21 世纪海上丝绸之路

自秦汉时期开通以来，海上丝绸之路一直是沟通东西方经济文化交流的重要桥梁。东南亚地区是海上丝绸之路的重要枢纽和组成部分。在中国与东盟建立战略伙伴关系 10 周年之际，为了进一步加强双方的海上合作，发展双方的海洋合作伙伴关系，构建更加紧密的命运共同体，2013 年 10 月 3 日，习近平主席在印度尼西亚国会发表演讲时提出，共同建设 21 世纪海上丝绸之路。21 世纪海上丝绸之路的战略合作伙伴并不仅限于东盟，而是以点带线，以线带面，串起联通东盟、南亚、西亚、北非、欧洲等各大经济板块的市场链，发展面向南海、太平洋和印度洋的战略合作经济带。

Rota da Seda Marítima do Século 21

Desde a abertura nas dinastias Qin (221 a.C. – 206 a.C.) e Han (206 a.C. - 220 d.C.), a Rota da Seda Marítima tem sido um importante canal para os intercâmbios econômico e cultural entre o Oriente e o Ocidente. A região do Sudeste Asiático é, desde a Antiguidade, tanto um ponto importante de conexão quanto um componente da Rota da Seda Marítima. Na ocasião do 10º aniversário do estabelecimento da parceria estratégica entre a China e a Associação das Nações do Sudeste Asiático (Asean, na sigla em inglês), o presidente chinês, Xi Jinping, propôs, quando proferiu um discurso no Congresso Nacional da Indonésia, no dia 3 de outubro de 2013, a construção conjunta da Rota da Seda Marítima do Século 21 com o fim de fortalecer ainda mais a cooperação bilateral no âmbito marítimo, desenvolver a parceria marítima e construir uma comunidade de destino comum mais unida.

A iniciativa "Rota da Seda Marítima do Século 21", cujos parceiros estratégicos não se limitam à Asean, visa interligar os países envolvidos nela como pontos para formar uma rota que pode alavancar o desenvolvimento regional e para conectar as cadeias de mercado dos blocos econômicos da Asean, Sul da Ásia, Ásia Ocidental, Norte da África e Europa, possibilitando desenvolver uma faixa econômica de cooperação estratégica voltada ao Mar do Sul da China, ao Pacífico e ao Índico.

丝路精神

丝绸之路不仅是商业通道，更重要的是它所承载的丝路精神。丝绸之路作为人文社会的交往平台，多民族、多种族、多宗教、多文化在此交汇融合，在长期交往过程中，各国之间形成了“团结互信、平等互利、包容互鉴、合作共赢，不同种族、不同信仰、不同文化背景的国家可以共享和平，共同发展”的丝路精神。这一精神，也是现代国际社会交往的最基本原则之一。

Espírito da Rota da Seda

Além de servir como uma rota comercial, o mais importante da Rota da Seda é o espírito que ela carrega. Como uma plataforma de intercâmbio cultural e social, as diferentes etnias, raças, religiões e culturas se encontram e interagem nesta rota. Ao longo desse processo, forma-se entre os respectivos países o espírito da Rota da Seda, de que os países de diferentes raças, crenças e culturas podem compartilhar a paz e buscar o desenvolvimento comum com base na união e confiança, igualdade e benefício mútuo, inclusão e aprendizado e cooperação ganha-ganha. Esse espírito é um dos princípios básicos no intercâmbio da comunidade internacional moderna.

丝路基金

2014年11月8日，习近平主席宣布，中国将出资400亿美元成立丝路基金。2014年12月29日，丝路基金有限责任公司在北京注册成立。丝路基金为“一带一路”沿线国基础设施建设、资源开发、产业合作等有关项目提供投融资支持。它同其他全球和区域多边开发银行的关系是相互补充而不是相互替代的。它将在现行国际经济金融秩序下运行。丝路基金绝非简单的经济援助，而是通过互联互通为相关国家的发展创造新的重大发展机遇。丝路基金是开放的，欢迎亚洲域内外的投资者积极参与。

Fundo da Rota da Seda

No dia 8 de novembro de 2014, o presidente chinês, Xi Jinping, anunciou que a China iria fazer um aporte de US$ 40 bilhões para criar o Fundo da Rota da Seda. No dia 29 de dezembro do mesmo ano, a Companhia do Fundo da Rota da Seda Ltda. foi oficialmente estabelecida em Beijing.

O Fundo vai dar suporte de investimento e financiamento aos projetos de construção da infraestrutura, exploração de recursos e cooperação industrial nos países situados ao longo do Cinturão Econômico da Rota da Seda e da Rota da Seda Marítima do Século 21. A entidade funciona sob a ordem econômica e financeira internacional vigente e atua de maneira complementar, mas não substituinte, com outros bancos de desenvolvimento multilaterais regionais e globais. O Fundo, além de fornecer ajuda econômica, visa criar oportunidades de grande desenvolvimento para os países envolvidos através da interconectividade, sendo aberto para a participação dos investidores de dentro e de fora da Ásia.

亚洲基础设施投资银行

2013 年 10 月，中国国家主席习近平提出了筹建亚洲基础设施投资银行（简称亚投行）的倡议。在历经 800 余天筹备后，由中国倡议成立、57 国共同筹建的亚投行于 2015 年 12 月 25 日在北京宣告成立。2016 年 1 月 16 日，亚投行举行了开业仪式，习近平主席出席并致辞。亚投行是一个政府间性质的区域多边开发机构，重点支持基础设施建设，这是首个由中国倡议设立的多边金融机构。截止到 2017 年 3 月底，共有 70 个成员，总成员数仅次于世界银行，涵盖了西方七国集团中的 5 个、二十国集团中的 15 个和联合国安理会常任理事国中的 4 个。亚投行初期投资重点领域包括能源与电力、交通和电信、农村和农业基础设施、供水与污水处理、环境保护、城市发展以及物流等，首批贷款计划已于 2016 年 6 月获准。

Banco Asiático de Investimento em Infraestrutura

O presidente chinês, Xi Jinping, propôs em outubro de 2013 a fundação do Banco Asiático de Investimento em Infraestrutura (BAII). Após mais de 800 dias de preparativos, o banco proposto pela China, com a participação de 57 países, foi estabelecido oficialmente em Beijing no dia 25 de dezembro de 2015. No dia 16 de janeiro de 2016, Xi Jinping compareceu à cerimônia de inauguração do banco e proferiu um discurso.

Atuando como uma instituição intergovernamental de desenvolvimento multilateral regional que prioriza os projetos de construção de infraestrutura, o BAII, primeira entidade financeira multilateral promovida pela China, somava até março de 2017, 70 membros, número inferior apenas ao dos membros do Banco Mundial, incluindo cinco países do G7, 15 países do G20 e quatro dos membros permanentes do Conselho de Segurança da ONU. Na fase inicial, as áreas prioritárias para os investimentos do BAII incluem energia, eletricidade, transporte, telecomunicações, infraestrutura rural e agrícola, abastecimento de água e tratamento de esgoto, proteção ambiental, desenvolvimento urbano e logística. O primeiro lote de empréstimos foi aprovado pelo BAII em junho de 2016.

推进"一带一路"建设工作领导小组

"一带一路"建设是一项宏大系统工程，仅在中国国内，它所涉及的政府机构、企业和社会组织就非常广泛，"一带一路"建设的很多项目跨越时间也很长，因此需要加强组织和领导，统筹做好各方面的工作。为此，中国政府专门成立了推进"一带一路"建设工作领导小组，负责审议"一带一路"建设工作的重大规划、政策、项目和相关问题，指导和协调落实"一带一路"合作倡议。该领导小组组长由中共中央政治局常委、国务院副总理张高丽担任。外交部、商务部等是该小组的成员单位。该小组办公室设在国家发展改革委员会，具体承担领导小组日常工作。此外，在中国的相关部委和省（自治区、直辖市）政府层面，也成立了推进"一带一路"建设工作领导小组，一般是由相关部委和省（自治区、直辖市）主要领导担任负责人。

Grupo Dirigente para a Implementação da Iniciativa “Um Cinturão e Uma Rota”

A implementação da iniciativa “Um Cinturão e Uma Rota”, um grande empreendimento sistemático, envolve, apenas dentro da China, um grande número de entidades governamentais, empresas e associações sociais, além de que muitos projetos incluídos exigem um longo período para a conclusão. Por causa disso, importa reforçar a organização e a direção para coordenar os trabalhos em todos os aspectos. O governo chinês criou um grupo dirigente para a implementação da iniciativa “Um Cinturão e Uma Rota” que é responsável por deliberar os importantes planejamentos, políticas e projetos e as questões relativas à iniciativa e por orientar e coordenar a sua implementação.

Zhang Gaoli, membro da Comissão Permanente do Birô Político do Comitê Central do Partido Comunista da China (PCCh) e vice-primeiro-ministro do Conselho de Estado, ocupa a chefia do grupo dirigente. O Ministério das Relações Exteriores, o Ministério do Comércio, entre outros, participam do grupo na qualidade de entidades-membro. O gabinete do grupo dirigente responsável pelo trabalho rotineiro tem sede na Comissão Nacional de Desenvolvimento e Reforma. Além disso, os ministérios e os governos de províncias, regiões autônomas e municípios centrais envolvidos da China também estabeleceram grupos dirigentes sobre os trabalhos no que diz respeito à mesma iniciativa e os seus responsáveis principais ocupam a chefia desses grupos.

《推动共建丝绸之路经济带和21世纪海上丝绸之路的愿景与行动》

2015年3月28日，《推动共建丝绸之路经济带和21世纪海上丝绸之路的愿景与行动》白皮书在博鳌亚洲论坛上正式发布。这份官方文件得到国务院授权，由国家发展改革委员会、外交部和商务部共同编写。该文件简明扼要地阐述了“一带一路”倡议的背景、原则、框架思想、合作重点与机制等。文件强调，“一带一路”建设坚持共商、共建、共享原则，以实现“政策沟通、设施联通、贸易畅通、资金融通、民心相通”为主要内容。“一带一路”建设始终秉持开放包容、互利共赢的理念，不是中国一家独奏，而是沿线国家的大合唱。此外，该白皮书还就中国新疆、福建等相关省份在“一带一路”建设中的角色定位进行了介绍。这份文件在制定

Perspectiva e Ação sobre a Construção Conjunta do Cinturão Econômico da Rota da Seda e da Rota da Seda Marítima do Século 21

No dia 28 de março de 2015, a China lançou oficialmente durante o Fórum de Boao para a Ásia, o livro branco *Perspectiva e Ação sobre a Construção Conjunta do Cinturão Econômico da Rota da Seda e da Rota da Seda Marítima do Século 21*. O documento foi elaborado conjuntamente pela Comissão Nacional de Desenvolvimento e Reforma, Ministério das Relações Exteriores e Ministério do Comércio, incumbidos pelo Conselho de Estado do país.

O livro branco expõe resumida e claramente o fundo, os princípios, as concepções e as prioridades e os mecanismos de cooperação dessa iniciativa e enfatiza que a construção do Cinturão e da Rota vai persistir nos princípios de consulta mútua, construção conjunta e compartilhamento de frutos e adotar como conceitos principais a coordenação de políticas, a conectividade de infraestrutura, o livre fluxo de comércio, a integração financeira e o entendimento entre os povos. De acordo com o documento, a iniciativa "Um Cinturão e Uma Rota" segue sempre os conceitos de abertura, inclusão, benefício mútuo e ganha-ganha, sendo um coro dos países ao longo do Cinturão e da Rota, em vez de um solo da China. Além disso, o livro branco esclarece os papéis e as posições das províncias e regiões autônomas chinesas, como Fujian e Xinjiang, na promoção da iniciativa.

过程中，充分听取了“一带一路”沿线国家和相关国际组织的建议，也吸收了中国国内各界人士的意见，是集聚各方智慧的成果。当然，这份白皮书仅是针对“一带一路”提出了方向性、框架性、意向性的设计，未来中国还将与“一带一路”的相关参与方进一步完善和细化。

O documento reúne os conhecimentos de todas as partes, pois foram absorvidas sugestões dos países envolvidos e de organizações internacionais, assim como ouvidas opiniões das personalidades de todos os setores da China. Porém, o livro branco formula apenas um esboço em aspectos como direção, estrutura e intenção em relação à iniciativa "Um Cinturão e Uma Rota". No futuro, a China e os outros participantes vão melhorar e especificar esse modelo de cooperação.

“五通”

2013 年 9 月 7 日，习近平主席在哈萨克斯坦纳扎尔巴耶夫大学发表演讲，首次提出加强“政策沟通、道路联通、贸易畅通、货币流通、民心相通”，共同建设“丝绸之路经济带”的战略倡议。2015 年 3 月 28 日，中国政府在博鳌亚洲论坛 2015 年年会期间正式发布《推动共建丝绸之路经济带和 21 世纪海上丝绸之路的愿景与行动》，提出要以“政策沟通、设施联通、贸易畅通、资金融通、民心相通”（简称“五通”）为主要内容，打造“一带一路”沿线国家政治互信、经济融合、文化互容的利益共同体、责任共同体和命运共同体。在“一带一路”建设全面推进过程中，“五通”既相互独立，在不同时间阶段各有重点，也是统一整体，需要相互促进，不可分割。

"Cinco Conexões"

O presidente chinês Xi Jinping, ao proferir um discurso na Universidade Nazarbayev do Cazaquistão, no dia 7 de setembro de 2013, propôs pela primeira vez a iniciativa estratégica de construção conjunta do Cinturão Econômico da Rota da Seda com base no reforço da coordenação de políticas, interconexão das estradas, livre fluxo de comércio, circulação da moeda, assim como do entendimento entre os povos. No dia 28 de março de 2015, o governo chinês lançou oficialmente, na reunião anual de 2015 do Fórum de Boao para a Ásia, o documento *Perspectiva e Ação sobre a Construção Conjunta do Cinturão Econômico da Rota da Seda e da Rota da Seda Marítima do Século 21*, no qual propôs aproveitar os meios de coordenação de políticas, conectividade de infraestrutura, livre fluxo de comércio, integração financeira e entendimento entre os povos (simplificadamente, "Cinco Conexões") para criar uma comunidade de interesses, responsabilidade e destino comuns entre os países ao longo do Cinturão e da Rota, que se caracteriza pela confiança política, integração econômica e inclusão cultural. No processo de implementação plena dessa iniciativa, as "Cinco Conexões" são, por um lado, independentes umas das outras e representam as prioridades umas sobre as outras em diferentes períodos e etapas e, por outro lado, são inseparáveis como um conjunto e se promovem mutuamente.

建设目标

Metas de implementação

利益共同体

“一带一路”沿线国家的总人口约44亿，经济总量约21万亿美元，分别占世界的63%和29%。受资源禀赋、产业基础、历史条件等因素的制约，各国之间发展不平衡，而且大部分为发展中国家。“一带一路”贯穿欧亚非大陆，东牵发展势头强劲的东亚经济圈，西连发达的欧洲北美经济圈，有望建成世界跨度最大、最具活力、发展前景看好的经济走廊，形成沿线国家经济利益对接整合的格局，“一带一路”建设旨在激发沿线各国发挥比较优势，将经济互补性转化为发展推动力。通过沿线国家的互联互通和贸易投资便利化等深度国际经济合作，打造世界经济新的增长极，最终实现互利共赢。

Comunidade de interesses comuns

Os países que compõem o Cinturão Econômico da Rota da Seda e a Rota da Seda Marítima do Século 21 possuem uma população de 4,4 bilhões de pessoas e um volume econômico de US$ 21 trilhões, números que representam 63% e 29% do total mundial, respectivamente. Devido às restrições de reserva dos recursos naturais, base industrial e condição histórica, há um desequilíbrio de desenvolvimento entre esses países, dos quais a maioria são países em desenvolvimento.

Atravessando Europa, Ásia e África, o Cinturão e a Rota se conectam, no Oriente, ao Circuito Econômico em ascensão do Leste Asiático e, no Ocidente, ao desenvolvido Circuito Econômico da Europa e América do Norte, possibilitando a construção de um corredor econômico com a maior extensão, o maior vigor e as mais promissoras perspectivas do mundo, assim como a formação de um cenário no qual se interligam e se reorganizam interesses econômicos dos países ao longo do Cinturão e da Rota. A construção do Cinturão e da Rota objetiva dinamizar as vantagens comparativas dos países ao seu longo e transformar a complementaridade econômica numa força motriz do desenvolvimento. Visa ainda criar um novo polo do crescimento econômico mundial através da profunda cooperação econômica internacional como, por exemplo, a interconectividade entre os países ao longo do Cinturão e da Rota e a facilitação do comércio e investimento, a fim de concretizar o benefício recíproco e a cooperação ganha-ganha.

责任共同体

“一带一路”倡议由中国提出，但需要沿线国家和相关国家共同参与建设。在推动落实倡议的过程中，相关各方会有不同侧重的利益考虑，也会遇到各种难以预料的问题，这就需要大家集思广益。各国须携手应对面临的挑战，合力化解存在的威胁，共同承担产生的责任。当然，由于各国参与的深度和方式有所不同，承担的责任也不尽相同。中国领导人多次表态，“一带一路”建设不是中国的后花园，而是百花园；不是中国的独奏曲，而是各方的协奏曲。作为倡议方，中国会诚心诚意对待沿线国家，做到言必信、行必果，承担起应尽的责任。

Comunidade de responsabilidade comum

A iniciativa "Um Cinturão e Uma Rota", apesar de ser proposta pela China, demanda a participação conjunta dos países que compõem o Cinturão e a Rota e dos países interessados. No processo de sua implementação, as partes envolvidas podem possuir considerações diferentes sobre os interesses e encontrar diversas questões imprevistas, por isso, é necessário reunir os conhecimentos de todos para enfrentar, de mãos dadas, os desafios, eliminar com esforços conjuntos as ameaças e assumir conjuntamente as responsabilidades. É natural que devido aos diferentes graus e maneiras de participação, as responsabilidades assumidas pelos países sejam diferenciadas.

Os dirigentes chineses afirmaram repetidas vezes que a iniciativa "Um Cinturão e Uma Rota" não objetiva construir um quintal próprio da China, mas um jardim compartilhado por todos; nem significa tocar um recital solo chinês, mas um concerto de todos. Como parte promotora da iniciativa, a China vai tratar com toda a sinceridade os países ao longo do Cinturão e da Rota, sendo fiel a suas palavras e firme em ações e assumindo suas devidas responsabilidades.

命运共同体

在党的十八大报告中，“命运共同体”作为一种促进中国与世界实现合作共赢关系的理念被明确提出。此后，“命运共同体”逐渐成为中国外交的核心理念之一，也是“一带一路”建设的重要目标。“命运共同体”强调整体思维，推崇共生共荣的关系，追求持久和平和共同繁荣。一个国家的命运要掌握在本国人民手中，世界的前途命运必须由各国共同掌握，各国在追求本国利益时兼顾别国利益，在追求自身发展时兼顾别国发展。“一带一路”建设背后体现的正是这种“命运共同体”思想。通过“一带一路”构建命运共同体，需要建立在利益共同体和责任共同体的基础之上。一方面，要在经贸和投资领域不断扩大利益交汇点，把经济的互补性转化为发

Comunidade de destino comum

A "comunidade de destino comum" foi apresentada definitivamente como conceito de busca das relações de cooperação ganha-ganha entre a China e o mundo no relatório do 18º Congresso Nacional do Partido Comunista da China (PCCh), realizado em 2012, e depois, se tornou gradualmente um dos conceitos-chave da diplomacia chinesa, sendo também um objetivo importante da iniciativa "Um Cinturão e Uma Rota".

O conceito de "comunidade de destino comum" destaca o pensamento holístico e estima as relações de coexistência e de prosperidade comum, além de buscar a paz duradoura e o desenvolvimento comum. O destino de um país deve estar nas mãos do seu povo, assim como o destino do mundo deve estar nas mãos de todos os países. Um país deve levar em consideração os interesses e o desenvolvimento alheios quando busca seus próprios interesses e desenvolvimento. É exatamente este pensamento de "comunidade de destino comum" que a iniciativa "Um Cinturão e Uma Rota" carrega.

A construção da comunidade de destino comum, através da iniciativa "Um Cinturão e Uma Rota", deve se basear nos interesses comuns e na responsabilidade comum. Por um lado, os países devem expandir constantemente a convergência de interesses nas áreas de economia, comércio e investimento, transformando a complementaridade econômica numa força motriz do desenvolvimento e, por outro lado, os

展的互助力；一方面，各国需要共同担负解决国际性难题的责任，共同打造互利共赢的合作架构。

países devem assumir conjuntamente a responsabilidade pela solução dos problemas difíceis internacionais, esforçando-se em conjunto para criar uma estrutura cooperativa de benefício recíproco e de relação ganha-ganha.

绿色丝绸之路

环境问题是人类社会面临的共同问题。2016 年 6 月 22 日，习近平主席在乌兹别克斯坦最高会议立法院发表演讲时指出，要着力深化环保合作，践行绿色发展理念，加大生态环境保护力度，携手打造绿色丝绸之路。此前中国公布的《推动共建丝绸之路经济带和 21 世纪海上丝绸之路的愿景与行动》也明确提出，强化基础设施绿色低碳化建设和运营管理，在建设中充分考虑气候变化影响，在投资贸易中突出生态文明理念，加强生态环境、生物多样性和应对气候变化合作，共建绿色丝绸之路。绿色丝绸之路体现了可持续发展的理念，它要求在“一带一路”建设中秉承绿色和环保理念，正确处理经济增长和环境保护的关系，充分考虑沿线国家的生态

Rota da Seda verde

A questão ambiental tem sido um tema constante nos debates de todas as sociedades humanas. Quando proferiu um discurso no Parlamento do Uzbequistão no dia 22 de junho de 2016, o presidente chinês, Xi Jinping, destacou a necessidade de aprofundar a cooperação na proteção ambiental, aplicar o conceito de desenvolvimento verde e reforçar a proteção do meio ambiente para construir conjuntamente uma Rota da Seda verde. Antes disso, no documento *Perspectiva e Ação sobre a Construção Conjunta do Cinturão Econômico da Rota da Seda e da Rota da Seda Marítima do Século 21*, a China formulou claramente que devem redobrar os esforços para promover a construção de infraestrutura e a gestão operacional de maneira verde e com baixa emissão de carbono e levar em consideração o impacto da mudança climática na construção. Para a China, também é necessário valorizar o conceito de ecocivilização na promoção do comércio e do investimento, bem como fortalecer a cooperação na proteção do meio ambiente e da biodiversidade e no combate à mudança climática, construindo conjuntamente uma Rota da Seda verde.

A Rota da Seda verde, como um reflexo do conceito de desenvolvimento sustentável, exige seguir o conceito de desenvolvimento verde e de proteção ambiental na construção do Cinturão e da Rota, tratar corretamente as relações entre o crescimento econômico e a proteção ambiental e levar em consideração a capacidade de suporte ecológico dos países

承载能力，共建一个良好的生态环境。“一带一路”建设已将生态环保、防沙治沙、清洁能源等列为重点发展产业，绿色丝绸之路面临发展良机。

ao longo do Cinturão e da Rota, a fim de preservar o meio ambiente. O planejamento estratégico da iniciativa “Um Cinturão e Uma Rota” lista a proteção ambiental, a prevenção e o controle da desertificação e as energias limpas como indústrias prioritárias. A Rota da Seda verde está encontrando boas oportunidades de desenvolvimento.

健康丝绸之路

推进全球卫生事业，是落实 2030 年可持续发展议程的重要组成部分。2016 年 6 月 22 日，习近平主席在乌兹别克斯坦最高会议立法院发表演讲时提议，着力深化医疗卫生合作，加强在传染病疫情通报、疾病防控、医疗救援、传统医药领域互利合作，携手打造健康丝绸之路。2017 年 1 月 18 日，中国政府与世界卫生组织签署了双方关于“一带一路”卫生领域合作的谅解备忘录。健康丝绸之路的主要目标是提高“一带一路”沿线国家整体的健康卫生水平。主要措施包括：沿线国家加强在卫生体制政策、卫生领域相关国际标准和规范的磋商和沟通，加强重点传染病防控合作，加强人员培训，推动更多中国生产的医药产品进入国际市场，使质优价廉的中国医药产品造福“一带一路”国家人民，等等。

Rota da Seda saudável

A promoção da causa global de saúde é um dos importantes componentes da Agenda 2030 para o Desenvolvimento Sustentável. No discurso proferido no dia 22 de junho de 2016 no Parlamento do Uzbequistão, o presidente chinês, Xi Jinping, propôs aprofundar a cooperação médica e de saúde, dizendo ser necessário reforçar a cooperação no compartilhamento de informações epidêmicas, prevenção e controle de doenças, resgate e assistência médica e medicina tradicional, construindo uma Rota da Seda saudável. No dia 18 de janeiro de 2017, o governo chinês e a Organização Mundial da Saúde (OMS) assinaram um memorando de entendimento sobre a cooperação em saúde no marco da iniciativa “Um Cinturão e Uma Rota”.

O objetivo principal da Rota da Seda saudável é elevar o nível geral da saúde dos países ao longo do Cinturão e da Rota. São adotadas como medidas principais:

- Reforçar a consulta e a comunicação entre os países que compõem o Cinturão e a Rota sobre os sistemas, as políticas, bem como os critérios e os padrões internacionais na área de saúde;
- Fortalecer a cooperação na prevenção e controle das principais doenças infecciosas;
- Reforçar a formação do pessoal; e
- Promover a entrada de mais produtos farmacêuticos da China no mercado internacional para que estes, com boa qualidade e baixo preço, beneficiem os povos dos países ao longo do Cinturão e da Rota.

智力丝绸之路

推进“一带一路”战略，人才是关键。2016 年 6 月 20 日，习近平主席在华沙出席丝路国际论坛时提出，智力先行，强化智库的支撑引领作用。加强对“一带一路”建设方案和路径的研究，在规划对接、政策协调、机制设计上做好政府的参谋和助手，在理念传播、政策解读、民意通达上做好桥梁和纽带。两天后的 6 月 22 日，他在乌兹别克斯坦最高会议立法院发表演讲时明确提出，中方倡议成立“一带一路”职业技术合作联盟，培养培训各类专业人才，携手打造智力丝绸之路。智力丝绸之路的主要目标是推进沿线国家人才培养和智力交流。“一带一路”沿线国家人才短缺的问题不同程度地存在。在“一带一路”建设推进过程中，也会面临很多新问题、新挑战，更需要越来越多的智力和人才支持，需要各方相互学习、取长补短，共同提出解决方案。

Rota da Seda inteligente

O talento é a chave para a implementação da iniciativa "Um Cinturão e Uma Rota". No dia 20 de junho de 2016, o presidente chinês, Xi Jinping, destacou, no Fórum Internacional da Rota da Seda realizado em Varsóvia, capital da Polônia, a prioridade do aspecto intelectual e a importância do papel de suporte e condução de *think tank*s. Ele pediu que as instituições de pesquisa reforcem os estudos sobre projetos e caminhos da implementação da iniciativa, desempenhando tanto o papel de consultor e assistente dos governos ao alinhar planejamentos, coordenar políticas e projetar mecanismos, quanto o papel de ponte e elo na difusão de conceitos, interpretação de políticas e manifestação da opinião pública. No dia 22 do mesmo mês, quando proferiu um discurso no Parlamento do Uzbequistão, Xi Jinping disse que a China propôs uma aliança de cooperação na capacitação profissionalizante voltada para a construção do Cinturão e da Rota para treinar e formar profissionais em diversas áreas e construir, de mãos dadas, uma Rota da Seda inteligente, cujo objetivo é promover o treinamento de profissionais qualificados e o intercâmbio intelectual dos países ao longo do Cinturão e da Rota. A falta de profissionais qualificados existe em diferentes graus nos países que compõem o Cinturão e a Rota. Na implementação da iniciativa, os países envolvidos vão encontrar novos problemas e desafios e precisam cada vez mais do apoio intelectual e de talentos. Por isso, é necessário aprender os pontos fortes dos demais para compensar os próprios pontos fracos, bem como achar conjuntamente soluções para a questão.

和平丝绸之路

“一带一路”沿线，尤其是丝绸之路经济带沿线，面临较为严重的恐怖主义、分裂主义和极端主义威胁，部分国家之间的关系较为紧张，时常伴有局部冲突，也有部分国家内部政局不稳。因此，破解地区动荡局势，维护地区和平稳定，对于“一带一路”建设至关重要。2016 年 6 月 22 日，习近平主席在乌兹别克斯坦最高会议立法院发表演讲时提出，着力深化安保合作，践行共同、综合、合作、可持续的亚洲安全观，推动构建具有亚洲特色的安全治理模式，携手打造和平丝绸之路。和平丝绸之路包含两个基本内涵：一是“一带一路”建设必须在相对和平的环境里进行；二是“一带一路”建设能促进地区和平稳定。以发展促和平促安全，这是中国提出的思路，也是被实践证明很有成效的办法。

Rota da Seda pacífica

As regiões ao longo do Cinturão e da Rota, especialmente do Cinturão, enfrentam graves ameaças de terrorismo, separatismo e extremismo, onde alguns países têm relações tensas um com outro, acompanhadas de conflitos, e outros sofrem com uma instabilidade interna. Por esta razão, estabilizar a situação turbulenta e defender a paz e a estabilidade nessas regiões são de extrema importância para a construção do Cinturão e da Rota. Quando proferiu um discurso no Parlamento do Uzbequistão no dia 22 de junho de 2016, o presidente chinês, Xi Jinping, propôs aprofundar a cooperação na segurança, aplicar um conceito de segurança comum, abrangente, cooperativa e sustentável da Ásia, bem como promover a criação de um modelo de governança da segurança com características asiáticas para construir conjuntamente uma Rota da Seda pacífica.

A Rota da Seda pacífica possui dois significados básicos: a construção do Cinturão e da Rota deve ser efetuada num ambiente relativamente pacífico e a construção do Cinturão e da Rota pode ajudar a promover a paz e a estabilidade regional. A promoção da paz e da segurança através do desenvolvimento, pensamento proposto pela China, é um método eficiente já comprovado pela prática.

合作重点

Prioridades de cooperação

政策沟通

政策沟通是"一带一路"建设的重要保障。政策沟通的基本含义是：在深化利益融合、促进政治互信并达成合作新共识的前提下，本着求同存异的原则，沿线各国积极构建政府间宏观政策沟通的交流机制，就经济发展战略和对策进行充分交流对接，共同制定推进区域合作的规划和措施，协商解决合作中的问题，共同为务实合作及大型项目实施提供政策支持，从而形成趋向一致的战略、决策、政策和规则，结成更为巩固的命运共同体。

Coordenação de políticas

A coordenação de políticas é uma garantia importante para a implementação da iniciativa "Um Cinturão e Uma Rota". Seu significado básico pressupõe que, sob as pré-condições de expandir os interesses compartilhados, aumentar a confiança mútua política e alcançar novos consensos de cooperação e com base no princípio de procurar os pontos comuns e deixar de lado as divergências, os países ao longo do Cinturão e da Rota estabelecem proativamente um mecanismo intergovernamental de comunicação sobre macro-políticas, coordenam plenamente suas estratégias e políticas de desenvolvimento econômico, elaboram conjuntamente os planos e medidas relativos à cooperação regional, negociam a solução para as questões que surjam na cooperação e fornecem o apoio de políticas para realizar a cooperação pragmática e os projetos de grande escala, de modo que as estratégias, decisões, políticas e regras desses países tendam a ser unânimes e que esses países formem uma sólida comunidade de destino comum.

设施联通

基础设施互联互通是“一带一路”建设的优先领域。在尊重相关国家主权和安全关切的基础上，推动沿线各国加强基础设施建设规划、技术标准体系的对接，共同推进国际骨干通道建设，逐步形成连接亚洲各区域以及亚欧非之间的基础设施网络。在推进设施联通过程中，还特别强调基础设施的绿色低碳化建设和运营管理，充分考虑气候变化影响。它既包括传统的公路、铁路、航空、航运、管道等的联通，也包括电力、电信、邮政、边防、海关和质检、规划等新领域的联通，从而将活跃的东亚经济圈、发达的欧洲经济圈和经济发展潜力巨大的中间广大腹地国家结成携手发展的利益共同体。

Conectividade de infraestrutura

A conectividade de infraestrutura é uma prioridade da implementação da iniciativa "Um Cinturão e Uma Rota". Com base no respeito à soberania e à preocupação de segurança, é necessário estimular os países ao longo do Cinturão e da Rota a reforçar a conexão de seus planos de construção de infraestrutura e de seus sistemas de padrões técnicos, impulsionar em conjunto a construção dos principais corredores internacionais e formar gradualmente uma rede de infraestrutura que liga todas as regiões da Ásia, além de conectar a Ásia, a Europa e a África. Ao efetuar a conectividade de infraestrutura, devem envidar esforços especiais para a proteção ambiental e a baixa emissão de carbono na construção da infraestrutura e na sua gestão e levar em consideração o impacto causado pela mudança climática. A conectividade de infraestrutura cobre tanto as áreas tradicionais, como rodovia, ferrovia, aviação, transporte aéreo e marítimo e tubagem, quanto as novas áreas, entre elas, eletricidade, telecomunicações, correio, defesa fronteiriça, alfândega, controle de qualidade, assim como planejamento, e visa integrar o dinâmico Circuito Econômico do Leste Asiático, o desenvolvido Circuito Econômico da Europa e os países do vasto território neste meio com grande potencial de desenvolvimento econômico, formando-se assim uma comunidade de interesses comuns que busca o desenvolvimento conjunto.

贸易畅通

贸易畅通是“一带一路”建设的重点内容，旨在激发释放沿线国家的合作潜力，做大做好合作“蛋糕”。采取的措施主要包括：沿线国家共同建设自由贸易网络体系，消除投资和贸易壁垒，促进贸易和投资便利化；共同商建自由贸易区，构建区域内和各国良好的营商环境，激发释放合作潜力；共同提高技术性贸易措施透明度，降低非关税壁垒，提高贸易自由化便利化水平；共同拓宽贸易领域，优化贸易结构，挖掘贸易新增长点，促进贸易平衡；把投资和贸易有机结合起来，以投资带动贸易发展，在投资贸易中突出生态文明理念，加强生态环境、生物多样性和应对气候变化合作，共建绿色丝绸之路；共同优化产业链、价值链、供应链和服务链，

Livre fluxo de comércio

Sendo um dos alvos da iniciativa “Um Cinturão e Uma Rota”, o livre fluxo de comércio objetiva dinamizar e liberar o potencial de cooperação dos países que compõem o Cinturão e a Rota. As principais medidas que devem ser adotadas em conjunto são as seguintes:

- Construir redes e sistemas de livre comércio, eliminar as barreiras de investimento e comércio e promover a facilitação do comércio e investimento;

- Discutir e construir zonas de livre comércio, criar um bom ambiente regional e nacional para os negócios e revitalizar e liberar o potencial para a cooperação;

- Melhorar a transparência das medidas técnicas de comércio, reduzir as barreiras não tarifárias e elevar o nível da liberalização e facilitação do comércio;

- Ampliar as áreas de comércio, otimizar a estrutura comercial, explorar novos destaques de crescimento comercial e buscar o equilíbrio comercial;

- Integrar o investimento e o comércio, promover o comércio por meio do investimento, valorizar o conceito de ecocivilização e reforçar a cooperação na proteção do meio ambiente e da biodiversidade e no enfrentamento à mudança climática, construindo uma Rota da Seda verde;

- Otimizar a cadeia industrial e as cadeias de valores, de suprimento e de serviços, promover a complementaridade

促进沿线国家和地区产业互补、互动与互助；共同探索新的开放开发之路，形成互利共赢、多元平衡、安全高效的开放型经济体系。

industrial, a interação e a ajuda mútua entre os países e regiões envolvidas na iniciativa; e

- Explorar novos modelos de abertura e novas vias de desenvolvimento em busca de um sistema econômico aberto que se caracterize pelo benefício compartilhado, pelo equilíbrio múltiplo e pela segurança e alta eficiência.

资金融通

资金融通是“一带一路”建设的重要支撑。主要举措包括：沿线国家深化金融合作，推进亚洲货币稳定体系、投融资体系和信用体系建设，通过提供更多惠及各方的公共金融产品，推动金融系统化；共同推进亚洲基础设施投资银行、金砖国家开发银行筹建，加快丝路基金组建运营，发挥丝路基金以及各国主权基金在“一带一路”重点项目建设中的资金引导作用；扩大沿线国家双边本币结算和货币互换的范围和规模，推动亚洲债券市场的开放和发展，支持沿线国家政府和信用等级较高的企业及金融机构在中国境内发行人民币债券，符合条

Integração financeira

A integração financeira é um importante suporte para a implementação da iniciativa "Um Cinturão e Uma Rota". As principais medidas a serem adotadas são as seguintes:

- Aprofundar a cooperação financeira entre os países ao longo do Cinturão e da Rota, levar adiante os esforços para a criação de um sistema de estabilidade cambial, um sistema de investimento e financiamento e um sistema de informações de crédito na Ásia, bem como fornecer mais produtos financeiros públicos que beneficiem as partes envolvidas e promover a sistematização financeira;

- Reforçar em conjunto os preparativos para a criação do Banco Asiático de Investimento em Infraestrutura (BAII) e o Novo Banco de Desenvolvimento do BRICS (NBD), intensificar os esforços pela criação do Fundo da Rota da Seda e por seu funcionamento o quanto antes, e desenvolver o papel orientador deste Fundo e dos fundos de riqueza soberana dos países ao longo do Cinturão e da Rota para os investimentos nos projetos prioritários sob o quadro da iniciativa;

- Ampliar o âmbito e a escala de conversão de moeda e liquidação em moeda local entre os países ao longo do Cinturão e da Rota, promover a abertura e desenvolvimento do mercado de títulos na Ásia, apoiar os governos dos países ao longo do Cinturão e da Rota e suas empresas e instituições financeiras com boa classificação de crédito, na emissão de títulos na China em yuan, apoiar as instituições

件的中国境内金融机构和企业可以在境外发行人民币债券和外币债券，发挥各国融资作用；深化银行联合体务实合作，以银团贷款、银行授信等方式开展多边金融合作，引导商业股权投资基金和社会资金参与"一带一路"重点项目共建；加强金融监管合作，完善风险应对和危机处置的制度安排，构建区域性金融风险预警系统，形成应对跨境风险和危机处置的交流合作机制，助推经贸合作深化发展。

financeiras e empresas na China, que satisfaçam aos requisitos, na emissão de títulos tanto em yuan como em moedas estrangeiras fora da China e desenvolver o papel dos diversos países no financiamento;

- Aprofundar a cooperação pragmática entre os consórcios interbancários, buscar a cooperação financeira multilateral a molde de empréstimos sindicados e de crédito bancário e conduzir fundos de investimento em ações comerciais e fundos sociais a participarem da construção de projetos-chave da iniciativa; e

- Reforçar a cooperação na gestão e supervisão das finanças, aperfeiçoar os mecanismos de resposta aos riscos e crises, criar um sistema de alerta contra os riscos financeiros regionais, formando assim um mecanismo de intercâmbio e cooperação para enfrentar os riscos e as crises transnacionais e contribuindo para o aprofundamento da cooperação econômica e comercial.

民心相通

民心相通是“一带一路”建设的社会根基。作为一项沟通多元文化和众多国家的重大战略构想，“一带一路”能否成功，从根本上取决于民心能否相通，直接体现在沿线国家人民的获得感、认可度和参与度上。为此，沿线各国要传承和弘扬丝绸之路友好合作精神，广泛开展文化交流、学术往来、人才交流、媒体合作、科技合作、青年和妇女交往、志愿者服务等领域的务实合作，增进相互了解和传统友谊，为深化双边和多边合作奠定坚实的民意基础。具体措施包括：加强沿线国家民间组织的交流合作，充分发挥政党、议会交往的桥梁作用，推动沿线国家智库之间开展联合研究、合作举办论坛，加强文化传媒的国际交流合作，促进不同文明和宗教之间的交流对话，等等。

Entendimento entre os povos

O entendimento entre os povos constitui uma base social da construção do Cinturão e da Rota. Sendo uma importante concepção estratégica que conecta diversas culturas e numerosos países, o sucesso da iniciativa "Um Cinturão e Uma Rota" depende do entendimento entre os povos e reflete diretamente o senso de satisfação e o grau de reconhecimento e de participação dos povos dos países que compõem o Cinturão e a Rota. Por esta razão, os países envolvidos na iniciativa devem herdar e levar adiante o espírito da Rota da Seda de cooperação amistosa, buscar a cooperação pragmática nas áreas cultural, acadêmica, científica e tecnológica e de mídias e promover o intercâmbio entre talentos, entre jovens e entre mulheres e os serviços de voluntários, aumentando dessa maneira o entendimento mútuo e a amizade tradicional e estabelecendo um sólido suporte do público em favor do aprofundamento da cooperação bilateral e multilateral. Recomenda-se adotar as seguintes medidas:

- Fortalecer o intercâmbio e a cooperação entre as organizações populares dos países ao longo do Cinturão e da Rota;
- Desenvolver plenamente a função, como ponte, de intercâmbio partidário e parlamentar;
- Promover a pesquisa conjunta e a co-organização de fóruns entre os *think tanks* dos países interessados;
- Fortalecer o intercâmbio e a cooperação internacional nos setores da cultura e mídia; e
- Promover o intercâmbio e o diálogo entre diferentes civilizações, religiões, entre outras.

“走廊”建设

Construção de corredores

中蒙俄经济走廊

2014 年 9 月 11 日，习近平主席在塔吉克斯坦首都杜尚别举行的首次中蒙俄三国元首会晤期间，提出打造中蒙俄经济走廊的倡议，获得普京总统和额勒贝格道尔吉总统的积极响应。2016 年 6 月 23 日，三国正式签署《建设中蒙俄经济走廊规划纲要》，这是“一带一路”倡议下的第一个多边合作规划纲要。中蒙俄经济走廊是丝绸之路经济带的重要组成部分，旨在推动“一带一路”倡议同俄罗斯的“欧亚联盟”倡议、蒙古国的“草原之路”倡议实现对接，为三国深化务实合作搭建顶层设计平台，以便发挥三方的潜力和优势，建设和拓展互利共赢的经济发展空间，推动地区经济一体化，提升三国在

Corredor Econômico China-Mongólia-Rússia

O presidente chinês, Xi Jinping, apresentou a iniciativa de estabelecer um corredor econômico que interliga a China, a Mongólia e a Rússia, no dia 11 de setembro de 2014, quando do primeiro encontro entre os chefes de Estado dos três países realizado em Duchambé, capital do Tadjiquistão. A proposta foi aplaudida pelo presidente russo, Vladimir Putin, e pelo presidente mongol, Tsakhiagiin Elbegdorj. No dia 23 de junho de 2016, os três países assinaram o *Esquema do Programa para a Construção do Corredor Econômico China-Mongólia-Rússia*, o primeiro documento de cooperação multilateral firmado sob o quadro da iniciativa "Um Cinturão e Uma Rota".

Parte importante do Cinturão Econômico da Rota da Seda, o Corredor Econômico China-Mongólia-Rússia tem como objetivo conectar a iniciativa "Um Cinturão e Uma Rota" à iniciativa russa "União Eurasiática" e ao programa mongol "Rota da Pradaria", além de criar uma plataforma de planejamento geral pelas instâncias superiores em favor do aprofundamento da cooperação pragmática trilateral. A construção desse corredor econômico visa também dinamizar os potenciais e as vantagens das três nações, ampliar o espaço econômico na busca do desenvolvimento de benefícios compartilhados e cooperação ganha-ganha, impulsionar a integração econômica regional e elevar a competitividade conjunta dos três países no mercado internacional.

国际市场上的联合竞争力。中蒙俄经济走廊有两个通道：一是从华北的京津冀到呼和浩特，再到蒙古和俄罗斯；二是从大连、沈阳、长春、哈尔滨到满洲里和俄罗斯的赤塔。该走廊重点关注七大合作领域，即促进交通基础设施发展及互联互通、加强口岸建设和海关及检验检疫监管、加强产能与投资合作、深化经贸合作、拓展人文交流合作、加强生态环保合作、推动地方及边境地区合作，其中交通领域被确定为工作重点。

O Corredor Econômico China-Mongólia-Rússia contém duas passagens: uma delas sai da região de Beijing-Tian-jin-Hebei (conhecida também como Jing-Jin-Ji) na China, passa pela cidade chinesa de Hohhot e chega à Mongólia e à Rússia; e a outra conecta as cidades chinesas de Dalian, Shenyang, Changchun, Harbin, Manzhouli e a cidade russa de Chita.

O corredor prioriza a cooperação em sete áreas: a promoção do desenvolvimento da infraestrutura de transporte e da interconectividade; o reforço da construção portuária e da supervisão, inspeção e quarentena nas alfândegas; o fortalecimento da cooperação na capacidade de produção e investimento; o aprofundamento da cooperação econômica e comercial; a ampliação do intercâmbio cultural e interpessoal; assim como o fomento da cooperação na proteção ambiental e da cooperação local e fronteiriça. O setor de transporte é a prioridade da cooperação.

新亚欧大陆桥

新亚欧大陆桥是相对“西伯利亚大陆桥”(从俄罗斯东部沿海的符拉迪沃斯托克出发，横穿西伯利亚大铁路通向莫斯科，然后通向欧洲各国)而言的，又名“第二亚欧大陆桥”，东起江苏连云港、山东日照等中国沿海港口城市，西至荷兰鹿特丹、比利时安特卫普等欧洲口岸，途经哈萨克斯坦、俄罗斯、白俄罗斯、波兰、德国等，全长约 10800 千米，辐射世界 30 多个国家和地区，是横跨亚欧两大洲、连接太平洋和大西洋的国际大通道。20 世纪 90 年代初，新亚欧大陆桥初步开通。“一带一路”有力推动了新亚欧大陆桥建设，为沿线国家和亚欧两大洲经济贸易交流提供了便捷的大通道。作为“一带一路”建设的标志性项目，渝新欧、蓉新欧、义新欧等多条铁路运输干线已经开通，其中渝新欧从重庆出发，通过位于中东欧的波兰抵达德国的杜伊斯堡，蓉新欧则是从成都出发，直接抵达波兰，义新欧则从浙江义乌出

Nova Ponte Continental da Eurásia

Formada no início da década de 1990, a Nova Ponte Continental da Eurásia, termo relativo à Ponte Terrestre Transiberiana (rota que sai de Vladivostok, cidade portuária no Leste da Rússia, e atravessa a Ferrovia Transiberiana até Moscou, ponto que conduz depois a países europeus), é conhecida também como “segunda ponte continental da Eurásia”. Cortando o continente eurasiático em direção leste-oeste e servindo como uma via internacional de aproximadamente 10.800 quilômetros entre o Pacífico e o Atlântico, esta ponte começa das cidades portuárias chinesas de Lianyungang na província de Jiangsu e Rizhao na província de Shandong, e termina em Roterdã na Holanda e Antuérpia na Bélgica, atravessando países como Cazaquistão, Rússia, Belarus, Polônia, Alemanha, entre outros, e interligando, considerando seu raio de influência, mais de 30 países e regiões.

A iniciativa “Um Cinturão e Uma Rota” revitalizou o desenvolvimento da Nova Ponte Continental da Eurásia, facilitando os intercâmbios econômicos e comerciais entre os países situados ao longo da via e entre a Ásia e a Europa. Sendo projetos símbolo da iniciativa chinesa, foram inauguradas várias rotas ferroviárias como a Chongqing-Xinjiang-Europa, que sai da cidade chinesa de Chongqing e chega a Duisburg, na Alemanha, pela Polônia; a Chengdu-Xinjiang-Europa, que tem como ponto de partida a cidade chinesa de Chengdu e vai diretamente à Polônia; e Yiwu-Xinjiang-

发，抵达西班牙首都马德里。与此同时，与新亚欧大陆桥建设相关的公路交通、输电线路、港口建设等方面的工作也在稳步推进。

-Europa, que liga a cidade de Yiwu, na província chinesa de Zhejiang, a Madri, capital da Espanha. Outras construções relativas à Nova Ponte Continental da Eurásia também estão em bom andamento, incluindo as obras de transporte rodoviário, de linhas de transmissão, de portos, entre outras.

中国–中亚–西亚经济走廊

中国—中亚—西亚经济走廊东起中国，向西至阿拉伯半岛，是中国与中亚和西亚各国之间形成的一个经济合作区域，大致与古丝绸之路范围相吻合。走廊从新疆出发，穿越中亚地区，抵达波斯湾、地中海沿岸和阿拉伯半岛，主要涉及中亚五国（哈萨克斯坦、吉尔吉斯斯坦、塔吉克斯坦、乌兹别克斯坦、土库曼斯坦）和西亚的伊朗、沙特阿拉伯、土耳其等17个国家和地区，是丝绸之路经济带的重要组成部分。尽管中亚、西亚地区资源丰富，但制约经济社会发展的因素很多，其中基础设施建设落后、缺乏资金技术等问题较为突出。通过中国—中亚—西亚经济走廊建设，打通该地区对外经贸合作和资金流动通道，有利于促进相关国家经济社会发展。

Corredor Econômico China-Ásia Central-Ásia Ocidental

O Corredor Econômico China-Ásia Central-Ásia Ocidental se estende da China, a leste, até a península Arábica, a oeste, constituindo uma região de cooperação econômica entre a China e países da Ásia Central e da Ásia Ocidental. É uma faixa que coincide de forma aproximada com a antiga Rota da Seda. Esse corredor econômico tem como ponto de partida a Região Autônoma Uigur de Xinjiang, atravessa a região da Ásia Central e chega ao golfo Pérsico, ao mar Mediterrâneo e à península Arábica, atingindo cinco países da Ásia Central - Cazaquistão, Quirguistão, Tadjiquistão, Uzbequistão e Turcomenistão - e 17 países e regiões da Ásia Ocidental como Irã, Arábia Saudita, Turquia, entre outros. Constitui uma parte importante do Cinturão Econômico da Rota da Seda. Apesar dos ricos recursos existentes na Ásia Central e na Ásia Ocidental, há vários fatores que restringem o seu desenvolvimento socioeconômico, entre os quais se destacam o atraso na infraestrutura e a carência de recursos e tecnologias. A construção do Corredor Econômico China-Ásia Central-Ásia Ocidental abrirá uma via para possibilitar a cooperação econômica e comercial com o exterior e o fluxo de capitais, impulsionando o crescimento socioeconômico dos países compreendidos nessas regiões.

中国–中南半岛经济走廊

中南半岛与中国陆海相连，有几千年的历史渊源，有很强的地缘、人缘和文缘关系，是联通“一带一路”的重要桥梁和纽带。中国—中南半岛经济走廊东起珠三角经济区，沿南广高速公路、南广高速铁路，经南宁、凭祥、河内至新加坡，纵贯中南半岛的越南、老挝、柬埔寨、泰国、缅甸、马来西亚等国家，是中国连接中南半岛的大陆桥，也是中国与东盟合作的跨国经济走廊。该走廊以沿线中心城市为依托，以铁路、公路为载体和纽带，以人员、物资、资金、信息的流通为基础，开拓新的战略通道和空间，加快形成优势互补、区域分工、

Corredor Econômico China-Península Indochinesa

A península Indochinesa faz fronteiras terrestre e marítima com a China e mantém um elo histórico de milênios e uma forte relação geográfica, humana e cultural com o país, servindo como um importante ponto de conexão do Cinturão Econômico da Rota da Seda e da Rota da Seda Marítima do Século 21. O Corredor Econômico China-Península Indochinesa começa no delta do rio das Pérolas, região econômica situada no Sul da China, se estende ao longo da autoestrada Nanchong-Guang´an na província chinesa de Sichuan e da ferrovia de alta velocidade Nanning-Guangzhou, atravessa Nanning e Pingxiang, ambas localizadas na Região Autônoma da Etnia Zhuang de Guangxi da China, e Hanói no Vietnã e termina em Singapura. A via passa por países como Vietnã, Laos, Camboja, Tailândia, Mianmar e Malásia, sendo uma ponte continental que liga a China e a península Indochinesa, além de um corredor econômico transnacional favorável à cooperação entre a China e os países da Associação das Nações do Sudeste Asiático (Asean).

Baseando-se nas principais cidades situadas ao longo do corredor, nos meios de conexão como ferrovias e rodovias e na circulação de recursos humanos, mercadorias, capitais e informações, o Corredor Econômico China-Península Indochinesa abriu uma nova via e um novo espaço estratégicos para acelerar a formação de um bloco econômico regional caracterizado pela complementaridade, divisão do

共同发展的区域经济体。携手共建中国—中南半岛经济走廊有利于打造新的区域增长点，促进中南半岛沿线国家的共同繁荣发展，也有利于构建中国—东盟命运共同体。

trabalho e desenvolvimento comum. A construção conjunta desse corredor favorece a criação de novos destaques de crescimento regional, a prosperidade comum dos países na península Indochinesa, assim como a formação de uma comunidade de destino comum entre a China e a Asean.

中巴经济走廊

中巴经济走廊是李克强总理于 2013 年 5 月访问巴基斯坦时提出的。走廊起点位于新疆喀什，终点在巴基斯坦瓜达尔港，全长 3000 千米，北接丝绸之路经济带，南连 21 世纪海上丝绸之路，是贯通南北丝路的关键枢纽，是一条包括公路、铁路、油气管道和光缆覆盖的“四位一体”通道和贸易走廊，被称为“一带一路”的“旗舰项目”。2015 年 4 月，中巴两国初步制定了中巴经济走廊远景规划，将在走廊沿线建设交通运输和电力设施，并以此带动双方在走廊沿线开展重大项目、基础设施、能源资源、农业水利、信息通讯等多个领域的合作，创立更多工业园区和自贸区。走廊建设预计总工程费将达到 450 亿美元，计划于 2030 年完工。2015 年 4 月 20 日，习近平主席和纳瓦兹 · 谢里夫总理举行了走廊

Corredor Econômico China-Paquistão

A proposta de criar o Corredor Econômico China-Paquistão foi apresentada pelo primeiro-ministro chinês, Li Keqiang, durante sua visita ao Paquistão em maio de 2013. O corredor começa em Kashgar, cidade situada na Região Autônoma Uigur de Xinjiang, Oeste da China, e termina no porto de Gwadar no Paquistão. Com uma extensão total de 3.000 quilômetros, ele serve como um elo-chave entre o Cinturão Econômico da Rota da Seda, ao norte, e a Rota da Seda Marítima do Século 21, ao sul. É um canal padrão de tipo "quatro em um" que abrange rodovias, ferrovias, gasodutos e redes de cabos ópticos, além de ser um corredor comercial, constituindo o "projeto âncora" da iniciativa "Um Cinturão e Uma Rota".

Em abril de 2015, a China e o Paquistão elaboraram preliminarmente um programa de longo prazo sobre a construção desse corredor, permitindo o estabelecimento da infraestrutura de transporte e de eletricidade ao longo do corredor e realizando a cooperação em grandes projetos nas áreas de infraestrutura, energia e recursos, agricultura e obras hidráulicas, informações e telecomunicações, bem como a criação de mais parques industriais e zonas de livre comércio. Prevê-se que o plano absorverá um investimento de US$ 45 bilhões e será concretizado em 2030.

No dia 20 de abril de 2015, o presidente chinês, Xi Jinping, e o primeiro-ministro paquistanês, Nawaz Sharif, participaram da cerimônia de inauguração de cinco projetos

五大项目破土动工仪式，并签订了超过 30 项涉及中巴经济走廊的合作协议和备忘录。走廊旨在进一步加强中巴之间交通、能源、海洋等领域的交流与合作，推动互联互通建设，促进两国共同发展。走廊也有助于促进整个南亚的互联互通，更能使南亚、中亚、北非、海湾国家等通过经济、能源领域的合作紧密联合起来，形成惠及近 30 亿人口的经济共同振兴。

sob o quadro do corredor e assinaram mais de 30 acordos de cooperação e memorandos para a construção do corredor, que tem como objetivo reforçar o intercâmbio e a cooperação bilaterais no transporte, energias e marítimo, assim como impulsionar a interconectividade e promover o desenvolvimento comum. O corredor irá também favorecer a interconectividade em toda região do Sul da Ásia, possibilitando a integração dos países do Sul da Ásia, Ásia Central, Norte da África e golfo Pérsico por meio da cooperação econômica e energética e alavancando o crescimento econômico conjunto que possa beneficiar cerca de três bilhões de habitantes dessas regiões.

孟中印缅经济走廊

2013 年 5 月，李克强总理访问印度期间，中印两国共同倡议建设孟中印缅经济走廊，推动中印两个大市场更紧密连接，加强该地区互联互通。该倡议得到孟加拉国、缅甸两国的积极响应。2013 年 12 月，孟中印缅经济走廊联合工作组第一次会议在昆明召开，各方签署了孟中印缅经济走廊联合研究计划，正式建立了四国政府推进孟中印缅合作的机制。2014 年 9 月，习近平主席在访问印度期间同莫迪总理会谈时提出中印双方要加快推进孟中印缅经济走廊建设，开展在“一带一路”框架内的合作。2014 年 12 月，在孟加拉国考斯巴萨举行了孟中印缅经济走廊联合工作组第二次会议，讨论并展望了经济走廊的前景、优先次序和发展方向。孟中印缅经济走廊不仅直接惠及四国，其辐射作用将有助于带动南亚、东南亚、东亚三大经济板块联合发展。

Corredor Econômico Bangladesh-China-Índia-Mianmar

Durante a visita do primeiro-ministro chinês, Li Keqiang, à Índia, em maio de 2013, China e Índia propuseram em conjunto a construção do Corredor Econômico Bangladesh-China-Índia-Mianmar (BCIM) com o objetivo de estreitar a conexão entre os mercados chinês e indiano e reforçar a interconectividade na região. A proposta recebeu resposta positiva de Bangladesh e Mianmar. Em dezembro de 2013, foi realizada em Kunming, capital da província chinesa de Yunnan, a primeira reunião do Grupo de Trabalho Conjunto sobre o Corredor BCIM. As quatro partes assinaram um plano de estudo em relação à construção do corredor, estabelecendo oficialmente um mecanismo intergovernamental para promover uma cooperação quadrilateral. Em setembro de 2014, o presidente chinês, Xi Jinping, sugeriu, durante seu encontro com o primeiro-ministro indiano, Narendra Modi, acelerar a construção do Corredor BCIM e desenvolver a cooperação sob o quadro da iniciativa “Um Cinturão e Uma Rota”. Na segunda reunião do Grupo de Trabalho Conjunto, realizada em dezembro de 2014 em Cox’s Bazar, Bangladesh, os participantes discutiram as perspectivas desse corredor, as prioridades do trabalho e sua direção de desenvolvimento. O Corredor BCIM não apenas beneficiará diretamente os quatros países envolvidos como também irá alavancar o crescimento conjunto das economias do Sul da Ásia, Sudeste Asiático e Leste Asiático.

合作机制

Mecanismos de cooperação

上海合作组织

上海合作组织（简称“上合组织”）是由中国、俄罗斯、哈萨克斯坦、吉尔吉斯斯坦、塔吉克斯坦、乌兹别克斯坦于 2001 年 6 月 15 日在上海宣布成立的永久性政府间国际组织。上合组织旨在加强成员国间的友好与信任，鼓励成员国在政治、经贸、文化等领域的有效合作，致力于共同维护地区和平与稳定，推动建立公正合理的国际政治经济新秩序。上合组织对内遵循“互信、互利、平等、协商，尊重多样文明、谋求共同发展”的“上海精神”，对外奉行不结盟、不针对其他国家和地区及开放原则。上合组织最高决策机构是成员国元首理事会，该会议每年举行一次，决定本组织所有重要问题。政府首脑理事会每年举行一次，讨论本组织框架下多边合作和优先领域的战略。上合组织有两个常设机构，分别是设在北京的上合组织秘书处和设在塔什干的上合组织地

Organização de Cooperação de Shanghai

A Organização de Cooperação de Shanghai (SCO, na sigla em inglês), fundada em 15 de junho de 2001 na cidade chinesa de Shanghai pela China, Rússia, Cazaquistão, Quirguistão, Tadjiquistão e Uzbequistão, é uma organização intergovernamental. Sua finalidade consiste em reforçar a amizade e a confiança entre os países-membros e incentivá-los a empreender a cooperação efetiva nas áreas de política, economia, comércio e cultura, assim como a se dedicar à preservação conjunta da paz e da estabilidade regional e à criação de uma nova ordem política e econômica internacional justa e razoável. A SCO valoriza internamente o "espírito de Shanghai" caracterizado pela confiança mútua, benefícios recíprocos, igualdade, consulta, respeito à diversidade das civilizações e busca pelo desenvolvimento comum e, externamente, segue o princípio de não alinhamento, de não se dirigir contra outros países e regiões e de abertura.

O Conselho de Chefes de Estado é o órgão supremo para a tomada de decisões da SCO e se reúne anualmente para decidir as questões importantes da organização. A SCO conta também com o Conselho de Chefes de Governo, que se reúne uma vez por ano para discutir as estratégias de cooperação multilateral e de áreas prioritárias sob o quadro da organização. A SCO dispõe de duas instituições permanentes – o Secretariado, com sede em Beijing, e a Estrutura Regional Antiterrorista, instalada em Tashkent,

区反恐怖机构执行委员会。除 6 个成员国外，目前上合组织还包括阿富汗、白俄罗斯、印度、伊朗、蒙古、巴基斯坦 6 个观察员国，以及阿塞拜疆、亚美尼亚、柬埔寨、尼泊尔、土耳其、斯里兰卡 6 个对话伙伴。

Uzbequistão.

Além dos seis países-membros, a SCO possui atualmente seis países observadores - Afeganistão, Belarus, Índia, Irã, Mongólia e Paquistão - e seis parceiros de diálogo, nomeadamente, Azerbaijão, Armênia, Camboja, Nepal, Turquia e Sri Lanka.

中国—东盟“10+1”机制

中国—东盟“10+1”机制是中国与东南亚国家联盟建立的合作机制，自1997年成立以来，双方合作不断扩大与深化，现已发展成一个密切的政治、经济合作组织，成为东亚区域合作的主要机制之一。1991年，中国与东盟开启对话进程，中国成为东盟的对话伙伴国。1997年，双方举行第一次“10+1”领导人会议，宣布建立中国—东盟睦邻互信伙伴关系。2010年1月，中国—东盟自贸区正式建成，这是双方关系史上的重大事件，开启了中国与东盟实现经济一体化的进程。自此，中国成为第一个加入《东南亚友好合作条约》和第一个同东盟建立战略伙伴关系的域外大国，也是第一个同东盟建成自贸区的大国。为保障双方合作的顺利与成效，“10+1”机制确立了一套完整的对话与合作平台，主要包括政府首脑会议、部长级会议和工作组会议。中国—东盟中心是推进双方合作的重要常设机构。

"Mecanismo 10+1" entre a China e a Associação das Nações do Sudeste Asiático

Designado também pelo "Mecanismo 10+1", é uma plataforma de cooperação criada conjuntamente pela China e a Associação das Nações do Sudeste Asiático (Asean). Desde sua criação em 1997, a China e a Asean vêm ampliando e aprofundando sua cooperação, tornando o mecanismo uma das principais plataformas de cooperação política e econômica no Leste Asiático. Em 1991, a China e a Asean iniciaram o processo de diálogo. A China se tornou parceira de diálogo do bloco econômico. Em 1997, as duas partes realizaram a primeira reunião de líderes e anunciaram o estabelecimento da parceria de boa vizinhança e confiança mútua entre a China e a Asean. Em janeiro de 2010, foi inaugurada a Zona de Livre Comércio China-Asean, um evento importante na história do relacionamento bilateral e prelúdio da integração econômica entre a China e o bloco. A China foi o primeiro grande país, fora do âmbito da Asean, que assinou o *Tratado de Amizade e Cooperação no Sudeste Asiático* e que firmou a parceria estratégica com o bloco, bem como o primeiro grande país a formar uma área de livre comércio com a organização regional. Para garantir o bom andamento e a eficiência da cooperação bilateral, o "Mecanismo 10+1" definiu um conjunto de meios para a realização de diálogo e cooperação, incluindo Conferência de Chefes de Governo, Conferência de Ministros e Reunião do Grupo de Trabalho. O Centro Asean-China é uma importante instituição permanente deste mecanismo.

亚太经济合作组织

亚太经济合作组织是亚太地区层级最高、领域最广、最具影响力的经济合作机制，现有 21 个成员，以及东盟秘书处、太平洋经济合作理事会、太平洋岛国论坛秘书处 3 个观察员。1989 年 11 月，澳大利亚、美国、日本、韩国、新西兰、加拿大及当时的东盟六国在澳大利亚首都堪培拉举行亚太经济合作组织首届部长级会议，标志着亚太经合组织的正式成立。作为经济论坛，亚太经合组织主要讨论与全球和区域经济有关的议题，如贸易和投资自由化、区域经济一体化、互联互通、经济结构改革和创新发展、全球多边贸易体系、经济技术合作和能力建设等，旨在维护本地区成员的共同利益，促进成员间的经济相互依存，加强开放的多边贸易体制，减少区

Cooperação Econômica Ásia-Pacífico

A Cooperação Econômica Ásia-Pacífico (Apec, na sigla em inglês) é um mecanismo de cooperação econômica do mais alto nível, da cobertura mais ampla e da maior influência na região da Ásia e do Pacífico. Conta com 21 membros e três observadores: o Secretariado da Associação das Nações do Sudeste Asiático (Asean), o Conselho de Cooperação Econômica do Pacífico (Pecc, na sigla em inglês) e o Secretariado do Fórum das Ilhas do Pacífico (PIF, na sigla em inglês). Em novembro de 1989, Austrália, Estados Unidos, Japão, Coreia do Sul, Nova Zelândia, Canadá e os então seis países-membros da Asean realizaram em Camberra, capital da Austrália, a primeira reunião ministerial da Apec, marco da formação oficial da organização.

Como fórum econômico, a Apec discute principalmente temas relacionados às economias global e regional como a liberalização do comércio e investimento, integração econômica regional, interconectividade, reforma estrutural econômica e desenvolvimento inovador, sistema global de comércio multilateral, cooperação econômica e tecnológica e capacitação. Seu objetivo consiste em proteger os interesses comuns dos integrantes da organização, incrementar a interdependência econômica entre si, reforçar o mecanismo aberto de comércio multilateral e reduzir as barreiras para o comércio e investimento regionais.

域贸易和投资壁垒。亚太经合组织共有 5 个层次的运作机制：领导人非正式会议、部长级会议、高官会、委员会和工作组、秘书处。中国于 2001 年和 2014 年先后在上海和北京成功举办过两届亚太经合组织领导人非正式会议，为促进区域贸易和投资自由化便利化、推动全球和地区经济增长发挥了积极作用。

A Apec possui mecanismos operacionais em cinco níveis: Cúpula de Líderes, Conferência Ministerial, Reunião de Altos Funcionários, comitês e grupos de trabalho, assim como Secretariado. A China sediou duas edições da Cúpula de Líderes da Apec, em Shanghai (2001) e Beijing (2014), desempenhando um papel positivo na promoção da liberalização e facilitação do comércio e investimento regional e do crescimento econômico global e regional.

亚欧会议

亚欧会议是亚洲和欧洲间重要的跨区域政府间论坛，旨在促进两大洲间建立新型、全面伙伴关系，加强相互对话、了解与合作，为亚欧经济社会发展创造有利条件。1996年3月，首届亚欧首脑会议在泰国曼谷举行，会议通过了《主席声明》，确定每两年召开一次首脑会议。2014年在意大利米兰举行的第十届亚欧首脑会议，决定接纳克罗地亚和哈萨克斯坦为新成员，亚欧会议成员增至53个。亚欧会议包括政治对话、经贸合作、社会文化及其他领域交流三大支柱，活动机制包括首脑会议、外长会议及部长级会议等，日常工作通过高官会进行沟通协调。亚欧首脑会议负责确定亚欧会议的指导原则和发展方向，隔年在亚洲和欧洲轮流举行，迄今已举办11届。亚欧外长会议负责亚欧会议活动的整体协调和政策规划，通过有关指导性文件并批准新倡议。亚欧高官会议负责协调和管理亚欧会议各领域活动，并对首

Conferência Ásia-Europa

A Conferência Ásia-Europa (Asem, na sigla em inglês), importante fórum intergovernamental e inter-regional da Eurásia, tem como objetivo estabelecer uma parceria nova e global entre a Ásia e a Europa e reforçar o diálogo, entendimento e cooperação em busca de condições favoráveis para o desenvolvimento socioeconômico eurasiático. A sua primeira Cúpula foi realizada em março de 1996, em Bangcoc, Tailândia. Os participantes aprovaram a *Declaração da Presidência*, documento que define a realização bienal da Cúpula da Asem. Na 10ª Cúpula, realizada em Milão, Itália, em 2014, Croácia e Cazaquistão foram aceitos como novos membros, o que aumentou para 53 o número de seus integrantes.

A Asem, baseada em três pilares – diálogo político, cooperação econômica e comercial e intercâmbio social, cultural e de outras áreas - é estruturada pela Cúpula, Reunião de Chanceleres, Reunião Ministerial, entre outras. Seu trabalho cotidiano é coordenado pela Reunião de Altos Funcionários. A Cúpula define as diretrizes e direção da Asem e é realizada a cada dois anos na Ásia e na Europa, alternadamente. Até o momento, foram promovidas 11 edições da Cúpula. A Reunião de Chanceleres é responsável pela coordenação geral das atividades da Asem e elaboração de suas políticas e pela aprovação de documentos orientadores e de iniciativas novas. A Reunião de Altos Funcionários coordena e administra as atividades da Asem em todas as

脑会议、外长会议预做准备。成立于 1997 年的亚欧基金是亚欧会议框架下唯一常设机构，负责开展亚欧学术、文化和人员交流活动。

áreas, além de preparar a Cúpula e a Reunião de Chanceleres. A Fundação Ásia-Europa, criada em 1997, é a única instituição permanente instalada sob o quadro da Asem. Sua função é desenvolver intercâmbios acadêmicos, culturais e interpessoais entre a Ásia e a Europa.

亚洲合作对话

亚洲合作对话是目前唯一面向全亚洲的官方对话与合作机制，成立于 2002 年，旨在推动各成员之间农业、能源、扶贫等领域的交流与合作，通过开展亚洲对话推动亚洲合作、促进亚洲发展。亚洲合作对话机制以首脑会议、外长会议、领域牵头国、高级研究小组会等形式开展活动，目前已在各成员国召开了 2 次首脑会议和 14 次外长会议。中国高度重视并积极参与亚洲合作对话进程，支持全面加强亚洲合作对话机制能力建设，更好地服务于亚洲地区发展和一体化进程。近年来，中国先后主办“丝绸之路务实合作论坛”“共建‘一带一路’合作论坛暨亚洲工商大会”等活动，以实际行动助推该对话机制，深化务实合作。

Diálogo de Cooperação da Ásia

O Diálogo de Cooperação da Ásia (ACD, na sigla em inglês) é na atualidade o único mecanismo oficial de diálogo e cooperação voltado para toda a Ásia. Fundado em 2002, o ACD visa impulsionar o intercâmbio e a cooperação entre seus integrantes nos setores de agricultura, energia e alívio da pobreza, intensificando a cooperação de toda a Ásia e alavancando o seu desenvolvimento através de diálogo. O mecanismo funciona por meio das atividades da Cúpula de Líderes, Reunião de Chanceleres, Países Líderes em Setores e Reunião do Grupo de Pesquisa de Alto Nível. Até o momento, foram realizadas duas edições da Cúpula de Líderes e 14 reuniões de chanceleres.

A China dedica alta atenção ao ACD e participa ativamente de suas atividades, além de apoiar o fortalecimento da função desse mecanismo a fim de servir melhor ao desenvolvimento e à integração da Ásia. Nos últimos anos, a China organizou atividades como o Fórum sobre a Cooperação Pragmática na Rota da Seda e o Fórum sobre a Cooperação na Implementação Conjunta da Iniciativa "Um Cinturão e Uma Rota" - Conferência Industrial e Comercial da Ásia, adotando medidas concretas para impulsionar o ACD e aprofundar a cooperação pragmática entre seus membros.

亚信会议

1992 年 10 月，哈萨克斯坦总统纳扎尔巴耶夫在第 47 届联合国大会上提出了建立一个全亚洲范围的地区性安全合作组织的倡议，旨在通过各国专家、学者和领导人之间“讨论亚洲或欧亚的和平与安全问题”，促进亚洲各国间的对话和协商。经过长达 10 年的专家论证和外交协调，2002 年 6 月，亚信会议第一次峰会在阿拉木图成功举行。亚信会议恪守《联合国宪章》的宗旨和原则，坚持各成员国一律平等，相互尊重主权和领土完整，互不干涉内政，倡导以和平方式解决争端，反对动辄诉诸武力或以武力相威胁，通过制定和实施军事政治、新威胁新挑战、经济、人文、生态等五大领域信任措施，加强成员国安全、经济、社会和文化的交流与

Conferência sobre Interação e Medidas de Construção da Confiança na Ásia

Em outubro de 1992, o presidente do Cazaquistão, Nursultan Nazarbayev, propôs, na 47ª Assembleia Geral das Nações Unidas, a criação de uma organização regional de cooperação para a segurança de toda a Ásia, com o objetivo de promover o diálogo e consulta entre os países asiáticos por meio da "discussão sobre questões de paz e de segurança da Ásia ou da Eurásia", envolvendo especialistas, estudiosos e líderes. Após um estudo feito por especialistas e coordenações diplomáticas, que duraram uma década, a primeira Cúpula da Conferência sobre Interação e Medidas de Construção da Confiança na Ásia (Cica, na sigla em inglês) foi realizada com sucesso em Almaty, Cazaquistão, em junho de 2002.

A Cica segue rigorosamente os propósitos e princípios da *Carta da ONU*, persiste na igualdade, respeito à soberania e integridade territorial e não intervenção nos assuntos internos alheios, defende a solução de conflitos por meio pacífico e se opõe ao uso da força ou ameaça da força. Os membros sustentam ainda a elaboração e implementação de medidas de confiança em cinco áreas – políticas militares, novas ameaças e desafios, economia, cultura e meio ambiente - para reforçar o intercâmbio e a cooperação na segurança, economia, sociedade e cultura entre seus integrantes.

合作。亚信会议建立了国家元首和政府首脑会议、外长会议、高官委员会会议、特别工作组会议等议事和决策机制。截止到 2014 年的上海亚信峰会，亚信会议已有 26 个成员国，横跨亚洲各区域。在本次峰会上，习近平主席提出了“共同、综合、合作、可持续”的亚洲安全观，倡议走出一条共建、共享、共赢的亚洲安全之路。

A Cica criou mecanismos para a discussão e a tomada de decisões, como Reunião de Chefes de Estado e de Governo, Reunião de Chanceleres, Comitê de Altos Funcionários e Grupo de Trabalho Especial. Até a Cúpula de Shanghai, realizada em 2014, a Cica tinha no total, 26 países-membros procedentes de todas as regiões da Ásia. Naquela cúpula, o presidente chinês, Xi Jinping, apresentou o conceito de segurança da Ásia caracterizado pela "segurança comum, integral, cooperativa e sustentável", sugerindo abrir um caminho de segurança para a Ásia, que será construído por todos, compartilhado por todos e benéfico para todos.

中阿合作论坛

2004年1月30日，时任中国国家主席胡锦涛访问了阿拉伯国家联盟总部，会见了时任阿盟秘书长阿姆鲁·穆萨和22个阿盟成员国代表。会见结束后，时任中国外长李肇星与穆萨秘书长共同宣布成立“中国—阿拉伯国家合作论坛”。2014年6月5日，习近平主席在中阿合作论坛第六届部长级会议开幕式上讲话表示，中阿合作论坛是着眼中阿关系长远发展作出的战略抉择，已成为丰富中阿关系战略内涵、推进中阿务实合作的有效抓手。2016年5月12日，中阿合作论坛第七届部长级会议在卡塔尔多哈举行。习近平主席和卡塔尔埃米尔塔米姆·本·哈马德·阿勒萨尼分别致贺信。会议围绕“共建‘一带一路’，深化中阿战略合作”议题，就中阿关系发展和中阿合作论坛建设达成广泛共识。截至2016年7月，中阿合作论坛已举行七届部长级会议、十三次高官会，其他合作机制也得到有序运行。

Fórum de Cooperação China-Estados Árabes

No dia 30 de janeiro de 2004, o então presidente chinês, Hu Jintao, visitou a sede da Liga Árabe e se encontrou com o então secretário-geral da organização, Amr Moussa, e os representantes dos 22 países-membros. Após o encontro, Li Zhaoxing, então chanceler chinês, e Amr Moussa declararam conjuntamente a criação do Fórum de Cooperação China-Estados Árabes. No dia 5 de junho de 2014, o presidente chinês, Xi Jinping, discursou na abertura da sua 6ª Conferência Ministerial, realizada em Beijing, capital chinesa, e considerou que o mecanismo do fórum era uma opção estratégica voltada para o desenvolvimento dos laços entre a China e os países árabes a longo alcance e veio enriquecer o teor das relações estratégicas bilaterais, constituindo ainda uma janela de oportunidade para impulsionar a cooperação pragmática bilateral. No dia 12 de maio de 2016, a sua 7ª Conferência Ministerial foi realizada em Doha, Catar, ocasião em que Xi Jinping e o emir Tamim bin Hamad al-Thani trocaram mensagens de felicitação. Os participantes da conferência discutiram os temas em torno da construção conjunta do Cinturão Econômico da Rota da Seda e da Rota da Seda Marítima do Século 21, bem como da ampliação da cooperação estratégica entre a China e os países árabes, e obtiveram um amplo consenso sobre a expansão dos laços bilaterais e o desenvolvimento do fórum. Até julho de 2016, foram realizadas sete conferências ministeriais e 13 reuniões de altos funcionários, enquanto seus outros mecanismos cooperativos funcionam de maneira ordenada.

中国–海合会战略对话

2010 年 6 月，中国—海湾合作委员会首轮战略对话在京举行，时任科威特副首相兼外交大臣穆罕默德、阿联酋外交国务部长卡尔卡什、海合会秘书长阿提亚与杨洁篪外长共同主持了对话会，并签署了双方关于高级别战略对话的谅解备忘录。2011 年 5 月，第二轮战略对话在阿联酋首都阿布扎比举行。2014 年 1 月，第三轮战略对话在北京举行，习近平主席会见了海合会代表团。双方一致同意致力于建立中国和海合会战略伙伴关系，强调要重启中国和海合会自贸区谈判进程，通过并签署了《中华人民共和国和海湾阿拉伯国家合作委员会成员国战略对话 2014 年至 2017 年行动计划》。海合会 6 个成员国是古丝绸之路的交汇地，地理位置重要，发

Diálogo Estratégico China-Conselho de Cooperação do Golfo

O primeiro Diálogo Estratégico China-Conselho de Cooperação do Golfo (GCC, na sigla em inglês) foi realizado em Beijing em junho de 2010 e co-presidido pelo então vice-primeiro-ministro e chanceler do Kuwait, Mohammad Sabah Al-Salem Al-Sabah, o então ministro das Relações Exteriores dos Emirados Árabes Unidos, Anwar Gargash, o então secretário-geral do GCC, Abdul Rahman Al-Atiya, e o então chanceler chinês, Yang Jiechi. Foi selado na ocasião um memorando de entendimento sobre o diálogo estratégico de alto nível entre ambas as partes.

Em maio de 2011, o segundo Diálogo Estratégico entre os dois lados foi realizado em Abu Dhabi, capital dos Emirados Árabes Unidos. Em janeiro de 2014, a terceira edição do Diálogo voltou a Beijing. O presidente chinês, Xi Jinping, teve um encontro com a delegação do GCC. Durante o Diálogo, ambas as partes concordaram de forma unânime em estabelecer a parceria estratégica China-GCC, enfatizaram a necessidade de reiniciar a negociação sobre a criação de uma zona de livre comércio China-GCC, bem como aprovaram e assinaram o *Plano de Ação 2014-2017 do Diálogo Estratégico entre a República Popular da China e o Conselho de Cooperação do Golfo*.

Situados na região de convergência da antiga Rota da Seda e de importância geográfica, os seis países-membros do GCC, que possuem grande potencialidade de desen-

展潜力巨大，是中国推进“一带一路”建设的天然和重要的合作伙伴。中国—海合会战略对话为双方共建“一带一路”提供了重要平台。

volvimento, são parceiros naturais e importantes da China na implementação da iniciativa “Um Cinturão e Uma Rota”. O mecanismo do Diálogo Estratégico China-GCC fornece aos dois lados uma plataforma de grande significado para a construção conjunta do Cinturão e da Rota.

大湄公河次区域经济合作

大湄公河次区域经济合作是由澜沧江—湄公河流域内的 6 个国家，即中国、缅甸、老挝、泰国、柬埔寨、越南共同参与的一个次区域经济合作机制，成立于 1992 年。其宗旨是加强次区域国家的经济联系，促进次区域的经济和社会共同发展。亚洲开发银行是该机制的发起者、协调方和主要筹资方。领导人会议为最高决策机构，每三年召开一次，各成员国按照字母顺序轮流主办。日常决策机构为部长级会议，下设高官会、工作组和专题论坛等。该机制成立 20 多年来，在交通、能源、电力、基础设施、农业、旅游、信息通信、环境、人力资源开发、经济走廊等重点领域开展了富有成效的合作。中国重视大湄公河次区域经济合作，积极参与各层次、各领域项目的规划与实施，为促进各成员国民生和福祉做出了自身的贡献。

Cooperação Econômica da Sub-Região do Grande Mekong

O mecanismo da Cooperação Econômica da Sub-Região do Grande Mekong (GMS, na sigla em inglês) foi criado em 1992 com a participação dos seis países da bacia do rio Lancang e do rio Mekong: China, Mianmar, Laos, Tailândia, Camboja e Vietnã, sob os propósitos de estreitar os seus vínculos econômicos e fomentar o desenvolvimento socioeconômico comum da sub-região. O Banco Asiático de Desenvolvimento (BAD) é o promotor, coordenador e principal responsável pelo seu financiamento. A Cúpula de Líderes é o órgão supremo para a tomada de decisões e realiza reunião a cada três anos, com a organização rotativa dos países-membros, segundo a ordem alfabética. A Conferência Ministerial é seu órgão permanente e tem como órgãos subordinados a Conferência de Altos Funcionários, os grupos de trabalho, fóruns específicos, entre outros.

Há mais de duas décadas desde a criação do mecanismo, os países-membros empreenderam uma cooperação frutífera em campos importantes, tais como transporte, energia, eletricidade, infraestrutura, agricultura, turismo, informação e comunicação, meio ambiente, desenvolvimento de recursos humanos e construção de corredor econômico. A China dá grande importância a essa cooperação e participa proativamente do planejamento e execução dos projetos sob o quadro do mecanismo em diversos níveis e áreas, contribuindo para a melhoria do padrão de vida e o bem-estar da população dos países-membros.

中亚区域经济合作

中亚区域经济合作于 1996 年由亚洲开发银行发起成立，2002 年提升为部长级合作，已建立起以部长会议、高官会议、行业协调委员会和区域工商圆桌会议为主的合作协调机制，是中亚区域重要的经济合作机制之一。其宗旨是以合作谋发展，通过促进交通运输、贸易、能源和其他重要领域的区域合作，促进成员国经济社会发展，减少贫困。现有成员包括中国、阿富汗、阿塞拜疆、巴基斯坦、蒙古国、哈萨克斯坦、吉尔吉斯斯坦、塔吉克斯坦、土库曼斯坦、乌兹别克斯坦和 2016 年加入的格鲁吉亚。亚洲开发银行、世界银行、国际货币基金组织、联合国开发计划署、欧洲复兴开发银行、伊斯兰开发银行 6 个国际组织，以及一些发达国家的双边援助机构作为发展伙伴也参与了该框架下的合作。

Cooperação Econômica Regional da Ásia Central

O mecanismo da Cooperação Econômica Regional da Ásia Central (Carec, na sigla em inglês) foi criado à iniciativa do Banco Asiático de Desenvolvimento (BAD) em 1996 e ascendeu ao âmbito ministerial em 2002, já abrangendo, como principais plataformas de cooperação e coordenação, a Conferência Ministerial, a Conferência de Altos Funcionários, a Comissão de Coordenação Industrial e a Mesa-Redonda da Indústria e Comércio Regional. Na condição de um dos importantes mecanismos para a cooperação econômica regional na Ásia Central e tendo o propósito de buscar o desenvolvimento por meio da cooperação, a Carec visa promover a cooperação nas áreas de transporte, comércio e energia, assim como em outros campos significativos, para alcançar o progresso socioeconômico e reduzir a pobreza nos países-membros. Atualmente, tem como membros a China, Afeganistão, Azerbaijão, Paquistão, Mongólia, Cazaquistão, Quirguistão, Tadjiquistão, Turcomenistão, Uzbequistão, assim como Geórgia, que aderiu ao bloco em 2016, contando ainda com a participação de seis organizações internacionais: BAD, Banco Mundial, Fundo Monetário Internacional (FMI), Programa das Nações Unidas para o Desenvolvimento (Pnud), Banco Europeu para a Reconstrução e o Desenvolvimento (Berd) e Banco Islâmico de Desenvolvimento. Várias instituições de assistência bilateral de países desenvolvidos também participam das cooperações efetuadas sob o quadro da Carec.

中国–中东欧国家合作

中国—中东欧国家合作简称“16+1 合作”，是中国与中东欧 16 国之间建立的合作机制。在该机制框架下，17 国将相互尊重各自主权独立和领土完整，加深对各自发展道路的理解，结合自身特点、需求和优先方向，本着平等协商、优势互补、合作共赢的原则，积极落实框架目标。“16+1 合作”这一创新性的次区域合作机制，开辟了中国同传统友好国家关系发展的新途径，创新了中国同欧洲关系的实践，搭建了具有南北合作特点的南南合作新平台。近年来，在双方的共同努力下，“16+1 合作”机制不断发展壮大，形成了全方位、宽领域、多层次的格局，已步入成熟期和早期收获期。实现“一带一路”倡议与“16+1 合作”机制的有效对接，将为中国—

"Cooperação 16+1" entre a China e os Países do Centro e Leste da Europa

A "Cooperação 16+1" é uma forma abreviada para se referir ao mecanismo de cooperação entre a China e 16 países do Centro e Leste da Europa. Sob esse quadro, os 17 países se respeitam um ao outro em termos da soberania, independência e integridade territorial, aprofundam o entendimento sobre o próprio caminho de desenvolvimento e procuram materializar as metas definidas pelo mecanismo, baseando-se nas próprias características, demandas e prioridades e nos princípios de consulta em pé de igualdade, complementaridade das vantagens um do outro e cooperação ganha-ganha.

A "Cooperação 16+1", modelo inovador de cooperação sub-regional, abriu um novo caminho da expansão dos laços entre a China e os países com que mantém amizade tradicional. Também é uma prática inovadora para levar adiante o relacionamento sino-europeu, estabelecendo uma nova plataforma de cooperação Sul-Sul, dotada de características da cooperação Norte-Sul.

Graças aos esforços conjuntos empenhados pelas duas partes nos últimos anos, a "Cooperação 16+1" vem se ampliando, tornando-se uma estrutura multidirecional e de diversos níveis. O mecanismo se encontra agora na fase de amadurecimento e de colheita precoce. A conexão efetiva da "Cooperação 16+1" à iniciativa "Um Cinturão e Uma

中东欧合作列车装载“超级引擎”，拓宽沿线国家的企业投资之路、贸易之路，开拓中国与中东欧国家的合作共赢之路。

Rota" disponibilizará um "super motor" à cooperação entre a China e os países do Centro e Leste da Europa, assim como ampliará o investimento e o comércio empresariais dos países envolvidos, abrindo um caminho de cooperação e de benefício compartilhado entre ambas as partes.

中非合作论坛

为进一步加强中国与非洲国家的友好合作，共同应对经济全球化挑战，谋求共同发展，在中非双方共同倡议下，“中非合作论坛——北京 2000 年部长级会议”于 2000 年 10 月在京召开，标志着中非合作论坛正式成立。该论坛的宗旨是平等互利、平等磋商、增进了解、扩大共识、加强友谊、促进合作。成员包括中国、与中国建交的 51 个非洲国家以及非洲联盟委员会。中非合作论坛部长级会议每三年举行一届，目前已举办六届。2015 年 12 月 4 日，在中非合作论坛约翰内斯堡峰会开幕式上，习近平主席代表中国政府宣布，将中非新型战略伙伴关系提升为全面战略合作伙伴关系，提出与非洲在工业化、农业现代化、基础设施、金融、绿色发展、贸易和投资便利化、减贫惠民、公共卫生、人文、和平和安全等领域共同实施“十大合作计划”，规划了中非务实合作的新蓝图。

Fórum de Cooperação China-África

Tendo como objetivos reforçar a cooperação amistosa entre a China e os países africanos, enfrentar em conjunto o desafio da globalização econômica e buscar o desenvolvimento comum, o Fórum de Cooperação China-África (Focac, na sigla em inglês) - Conferência Ministerial de Beijing de 2000 foi realizado em outubro do mesmo ano na capital chinesa, o que marcou a criação oficial do Focac sob a iniciativa conjunta das duas partes. O fórum tem como os propósitos a igualdade e benefício compartilhado; a consulta em pé de igualdade; o aumento do entendimento mútuo; a ampliação dos consensos; o reforço da amizade e o fomento da cooperação. Conta com a participação da China, dos 51 países africanos que mantêm relações diplomáticas com a China e da Comissão da União Africana. A Conferência Ministerial sob o quadro do Focac, realizada a cada três anos, teve seis edições até a atualidade. Na abertura da Cúpula do Focac, realizada em Johanesburgo no dia 4 de dezembro de 2015, o presidente chinês, Xi Jinping, anunciou em nome do governo chinês, elevar o novo tipo da parceria estratégica China-África para uma parceria estratégica global de cooperação e apresentou, na mesma ocasião, dez planos de cooperação a serem implementados junto com os países africanos nas áreas da industrialização, modernização agrícola, infraestrutura, finanças, desenvolvimento verde, facilitação do comércio e investimento, bem-estar da população e alívio da pobreza, saúde pública, cultura, paz e segurança, entre outras, traçando um novo plano de cooperação pragmática China-África.

其他国家或组织倡议

Outras iniciativas

联合国“丝绸之路复兴计划”

复兴丝绸之路的计划早在20世纪60年代就已经开始，最初的计划是修建一条连接新加坡至土耳其的全长约14000千米的铁路。推动丝绸之路复兴的政府和组织数量众多，发挥作用最大的是联合国。2008年2月，联合国开发计划署正式发起了“丝绸之路复兴计划”，来自包括中国、俄罗斯、伊朗、土耳其在内的19国官员在瑞士日内瓦签署意向书，决定在今后数年投入430亿美元，激活古丝绸之路和其他一些古老的欧亚大陆通道，全长7000多千米。该计划由230个项目组成，期限为2008年至2014年，投资主要用于改善古丝绸之路等欧亚大陆通道的基础设施并开发多条经济走廊。该计划旨在使古老的丝绸之路重现辉煌，为中亚、东欧等国提供机会，并让欧亚大陆腹地分享全球化带来的好处。

ONU: Iniciativa "Rota da Seda"

A iniciativa "Rota da Seda" (SRI, na sigla em inglês) foi apresentada na década de 1960 com o planejamento original de construir uma linha ferroviária de 14 mil quilômetros, ligando Singapura à Turquia. Entre um alto número de governos e organizações participantes, a ONU contribuiu com o maior protagonismo para promover o plano. Em fevereiro de 2008, o Programa das Nações Unidas para o Desenvolvimento (Pnud) lançou oficialmente a SRI. Os representantes de 19 países, incluindo China, Rússia, Irã e Turquia, assinaram em Genebra, Suíça, a Carta de Intenção, decidindo investir US$ 43 bilhões para revitalizar a antiga Rota da Seda e outros antigos canais da Eurásia com a extensão de 7.000 quilômetros.

A SRI abrange 230 projetos programados para um prazo que compreende de 2008 a 2014, cujo investimento seria destinado principalmente à melhoria da infraestrutura da antiga Rota da Seda e dos antigos canais da Eurásia, bem como à exploração de mais corredores econômicos. O plano visa reavivar a prosperidade da antiga Rota da Seda, oferecendo oportunidades aos países da Ásia Central e do Leste da Europa para que o interior do continente eurasiático possa se beneficiar da globalização.

俄罗斯“欧亚联盟”

2011年10月5日，时任俄罗斯总理普京在俄《消息报》发表署名文章，提出了“欧亚联盟”的发展理念。“欧亚联盟”旨在逐步融合独联体国家，打造统一的关税联盟和经济空间；通过提升独联体地区一体化的程度与层次，最终建立起拥有超国家机构的主权国家联盟。俄罗斯将以独联体国家为突破口，逐渐将“欧亚联盟”的范围由现在的俄罗斯、白俄罗斯、哈萨克斯坦、亚美尼亚、吉尔吉斯斯坦共5个前苏联加盟共和国扩张到整个前苏联“版图”，最后辐射到亚太地区。欧亚经济联盟作为“欧亚联盟”的关键环节，已于2015年正式启动，预计在2025年实现商品、服务、资金和劳动力的自由流动，最终将建成类似于欧盟的经济联盟，形成一个拥有1.7亿人口的统一市场。“欧亚联盟”与“一带一路”的战略对接前景广阔。丝绸之路经济带对于推动俄罗斯

Rússia: Iniciativa "União Eurasiática"

No dia 5 de outubro de 2011, o então primeiro-ministro da Rússia, Vladimir Putin, publicou um artigo assinado no jornal russo Izvestia, no qual apresentou o conceito de desenvolvimento da iniciativa "União Eurasiática". A proposta visa padronizar os impostos aduaneiros e criar um espaço econômico unificado através da convergência, de forma gradual, dos países da Comunidade dos Estados Independentes (CEI), elevando a integração regional da CEI para estabelecer uma união de Estados soberanos com organizações supranacionais. A Rússia quer aproveitar os países da CEI como uma janela de oportunidade para expandir o atual alcance da "União Eurasiática" de cinco países da antiga União Soviética, incluindo Rússia, Belarus, Cazaquistão, Armênia e Quirguistão, para "todo o mapa" da antiga União Soviética, até a região Ásia-Pacífico.

Sendo um elo importante da "União Eurasiática", a União Econômica Eurasiática entrou em funcionamento oficial em 2015 com a previsão de realizar, em 2025, a livre circulação de mercadorias, serviços, capital e mão de obra para formar uma união econômica semelhante à União Europeia e um mercado unificado com uma população de 170 milhões de pessoas.

A conexão estratégica entre a iniciativa "União Eurasiática" e a iniciativa "Um Cinturão e Uma Rota" tem uma boa perspectiva. O Cinturão Econômico da Rota da Seda é de grande significado para impulsionar a Rússia a mudar

将经济发展的重心东移到西伯利亚和远东地区，缩小其亚洲部分与欧洲部分的经济差距，建成“欧亚联盟”有着重要意义。

o seu foco de desenvolvimento econômico ao Leste, isto é, à região da Sibéria e ao Extremo Oriente, e estreitar a disparidade econômica entre a sua parte asiática e a parte europeia, além de concluir finalmente a formação da “União Eurasiática”.

哈萨克斯坦“光明之路”

哈萨克斯坦总统纳扎尔巴耶夫在2014年11月发表的国情咨文中宣布，实行“光明之路”新经济政策，以大规模的投资计划促进哈萨克斯坦的经济增长。“光明之路”计划在3年之内将90亿美元分配到运输物流业建设、工业和能源基础设施建设、公共设施和水热供应网络改善、住房和社会基础设施建设、中小型企业扶持等方面。“光明之路”的核心在于对运输和物流基础设施项目的大规模投资，目的在于发展哈萨克斯坦的国内运输网络，并将哈萨克斯坦打造成连接中国、欧洲与中东各大市场的全球交通走廊。哈萨克斯坦决策者预计“光明之路”的实施将使沿中国、中亚、俄罗斯和欧洲线路运输的货运量翻一番，达到每年3300万吨。中哈两国领导人多次指出，“光明之路”与“一带一路”有众多契合点和互补性。双方表达了对接的强烈意愿，并已采取务实措施。

Cazaquistão: Iniciativa "Rota Brilhante"

O presidente do Cazaquistão, Nursultan Nazarbayev, anunciou em um discurso à nação, em novembro de 2014, uma nova política econômica denominada "Rota Brilhante", que visa promover o crescimento econômico do país através de investimentos em grande escala. Segundo a iniciativa, em três anos, cerca de US$ 9 bilhões seriam destinados ao setor de transporte e logística, à construção de infraestrutura do setor industrial e energético, à melhoria das instalações públicas e das redes de abastecimento de água e aquecimento, à construção de habitações e de infraestrutura social, assim como à assistência para as empresas pequenas e médias. Tendo como núcleo o investimento de grande escala aos projetos de infraestrutura de transporte e logística, a iniciativa "Rota Brilhante" tem o objetivo de desenvolver a rede de transporte doméstico do Cazaquistão, transformando o país num corredor global de transporte que interliga a China, a Europa e os grandes mercados no Oriente Médio. Com a implementação da iniciativa "Rota Brilhante", os elaboradores da política preveem que o volume do transporte de cargas na linha ao longo da China, Ásia Central, Rússia e Europa poderá duplicar, até atingir 33 milhões de toneladas por ano. Os líderes da China e do Cazaquistão indicaram em diversas ocasiões que a iniciativa "Rota Brilhante" e a iniciativa "Um Cinturão e Uma Rota" possuem muitos pontos em comum e uma grande complementaridade. Os dois lados manifestaram uma forte disposição para coordenar as estratégias, enquanto uma série de medidas pragmáticas já foram adotadas.

蒙古国“草原之路”

2014 年 11 月，蒙古国提出基于地处欧亚之间的地理优势，准备实施“草原之路”计划，旨在通过运输和贸易振兴蒙古国经济。“草原之路”计划由 5 个项目组成，总投资需求约为 500 亿美元，具体包括：建设长达 997 千米的高速公路直通中俄，新建输电线路 1100 千米，在蒙古现有铁路基础上进行扩展，对天然气和石油管道进行扩建。蒙古国政府认为，“草原之路”计划将为蒙古国新建交通干道沿线地区带来更多的商机，并可带动当地各类产业的升级改造。蒙古国的核心产业即能源产业和矿业也会享受到此计划带来的直接好处，这必将使行业得到新的腾飞。中蒙两国领导人多次表示，“一带一路”与“草原之路”高度契合，符合双方共同发展利益。

Mongólia: Programa “Rota da Pradaria”

Em novembro de 2014, a Mongólia apresentou o programa “Rota da Pradaria”, baseando-se na sua vantagem geográfica de ligação entre a Europa e a Ásia, com o fim de revitalizar a economia do país através do transporte e do comércio. Composto por cinco projetos e com um investimento de US$ 50 bilhões, o programa “Rota da Pradaria” define metas detalhadas, tais como a construção de uma via expressa de 997 quilômetros entre a China e a Rússia e a construção de novas linhas de transmissão de energia elétrica de 1.100 quilômetros, além de estender as atuais linhas ferroviárias e os oleodutos e gasodutos da Mongólia. Para o governo mongol, o programa “Rota da Pradaria” vai oferecer mais oportunidades comerciais para as regiões ao longo das novas rotas e ajudar na atualização e na reestruturação das indústrias locais, trazendo ainda benefícios e chance de novos voos aos setores de energia e mineração, indústrias chave da Mongólia. Os líderes da China e da Mongólia afirmaram em diversas ocasiões que a iniciativa “Um Cinturão e Uma Rota” e o programa “Rota da Pradaria” possuem muitos pontos em comum e correspondem aos interesses de desenvolvimento comum dos dois países.

印度"季风计划"

"季风计划"是印度莫迪政府尝试"借古谋今"的一种外交战略新构想，设想在从南亚次大陆到整个环印度洋的广大区域内，打造以印度为主导的环印度洋地区互利合作新平台。"季风计划"以深受印度文化影响的环印度洋地区及该地区国家间悠久的贸易往来历史为依托，以印度为主力，推进环印度洋地区国家间在共同开发海洋资源、促进经贸往来等领域的合作。莫迪政府的"季风计划"经历了从最初的文化项目定位发展成为具有外交、经济功能的准战略规划。印度是古代"海上丝路"的重要驿站，也是中国共建共享"一带一路"的重要伙伴。"季风计划"与"一带一路"在结构和本质上并不具有天然的对抗性，反而能实现相互对接甚至融合。

Índia: "Plano de Monção"

O "Plano de Monção" é uma nova concepção de estratégia diplomática do governo indiano de Narendra Modi. Baseando-se nas suas vantagens tradicionais, o país quer estabelecer uma nova plataforma de cooperação ganha-ganha na região que se estende do subcontinente do Sul da Ásia ao Círculo do Índico, tendo a Índia como núcleo. Enraizado no Círculo do Índico fortemente influenciado pela cultura indiana e na longa história de intercâmbio comercial entre os países da região, o plano visa promover a cooperação entre os países da região na exploração conjunta de recursos marítimos e no intercâmbio econômico e comercial, tendo a Índia como força principal.

O "Plano de Monção" tem-se desenvolvido a partir de um projeto cultural para um planejamento paraestratégico com função diplomática e econômica. A Índia, uma parada crucial da antiga Rota da Seda Marítima, é um parceiro importante da China na construção conjunta do Cinturão e da Rota e no compartilhamento de frutos da sua implementação. Assim, o "Plano de Monção" terá uma boa coordenação e até convergência com a iniciativa chinesa, ao invés de antagonismo essencial e estrutural.

俄印伊“北南走廊计划”

“北南走廊计划”最早由俄罗斯、印度、伊朗三国于2000年发起，计划修建一条从南亚途经中亚、高加索、俄罗斯到达欧洲的货运通道。“北南走廊”规划全长5000多千米，预计建成后较现在的欧亚运输路线缩短40%，其运费也将相应减少30%。该运输走廊将北起芬兰湾的圣彼得堡，经俄南部的里海港口阿斯特拉罕，跨里海至伊朗北部的诺乌舍赫尔港，再南下至伊朗南部港口城市阿巴斯，穿过阿曼湾，最后经阿拉伯海抵达印度港口孟买，其中包括公路、铁路、海运等多种运输形式。该运输走廊计划将印度西海岸港口和伊朗在阿拉伯海的阿巴斯港和查赫巴尔港连接起来。该计划自提出以来就因资金迟滞、政治分歧，尤其是处在核心位置的伊朗态度日渐消极而一直进展缓慢，以至于在相当长时间里，

Rússia-Índia-Irã: "Plano do Corredor Norte-Sul"

O "Plano do Corredor Norte-Sul" foi inicialmente proposto em 2000 pela Rússia, Índia e Irã para a construção de uma linha de transporte de carga que parte do Sul da Ásia até a Europa, passando pela Ásia Central, o Cáucaso e a Rússia.

Com uma extensão projetada de 5.000 quilômetros, a linha terá uma distância 40% inferior à atual via de transporte que liga a Europa à Ásia e possibilitará uma redução de 30% no custo de transporte. O corredor começa em São Petersburgo, no golfo da Finlândia, a norte, passa por Astracã, porto sulista da Rússia no mar Cáspio, e atravessa o mar Cáspio até o porto de Nowshahr no Norte do Irã, rumando ao Sul do país até a cidade portuária de Abbas. Na sequência, atravessa o golfo de Omã e o mar Arábico, chegando finalmente ao porto indiano de Mumbai (Bombaim). Composta por rodovias e vias férrea e marítima, a linha visa conectar os portos da costa oeste da Índia aos portos iranianos de Abbas e Chabahar, localizados no mar Arábico.

No entanto, após ser apresentado, o plano caminhou de forma lenta, uma morosidade causada pela ausência de capitais e divergências políticas, especialmente atitudes passivas do Irã, país que ocupa uma importante posição geográfica no corredor. As partes envolvidas não conseguiram chegar a um consenso sobre a operação do projeto durante um tempo bastante longo.

各方都没有就实际运作方案达成共识。2011 年，印度的积极推动使该计划得以重获生机。近年来，已经有包括中亚国家在内的 16 个国家参与到这个项目中。但是，印度积极推动的“北南走廊计划”因其与巴基斯坦的潜在冲突，发展前景不被看好。

Em 2011, a Índia agiu de maneira ativa para promover o plano, que já atraiu a participação de 16 países, incluindo as nações da Ásia Central. Devido a conflitos latentes entre a Índia, país promotor do “Plano do Corredor Norte-Sul”, e o Paquistão, o desenvolvimento do plano enfrentaria uma perspectiva não otimista.

欧盟“南部能源走廊”

“南部能源走廊”也称“南部走廊输气网”，是欧盟一直倡导的大型重点项目，旨在减少对单一国家的天然气依赖，实现欧洲能源供应渠道的多元化。欧盟在与相关国家谈判多年后，于 2008 年提出建设一个以纳布科天然气管道为主的“南部走廊”输气管道网络。纳布科天然气管道项目由欧盟投资，全长约 3300 千米，目的是将里海地区的天然气经土耳其、保加利亚、罗马尼亚和匈牙利输送至奥地利后，再输往欧盟其他国家。该项目预计投资总额为 79 亿欧元，年输送天然气能力为 310 亿立方米。当前，欧盟“南部能源走廊”构想在气源选择、管道过境以及国际环境等方面，依旧存在诸多掣肘，供气计划障碍重重，欧盟实现能源安全之路任重道远。

União Europeia: "Corredor Meridional"

O "Corredor Meridional", conhecido também como "Corredor Meridional de Gás", é um grande projeto proposto pela União Europeia (UE) com a finalidade de reduzir sua dependência de gás de um só país e diversificar as vias de abastecimento energético da Europa. Após anos de negociações com os países envolvidos, a UE apresentou em 2008 o projeto do "Corredor Meridional", objetivando construir uma malha de gasodutos que tem como projeto principal o gasoduto Nabucco. Com o investimento da UE, o gasoduto Nabucco, de 3.300 quilômetros de extensão, deve transportar o gás da região do mar Cáspio para a Europa, atravessando Turquia, Bulgária, Romênia e Hungria até chegar à Áustria, de onde o gás será distribuído aos demais países-membros da UE. O projeto tem o investimento previsto de € 7,9 bilhões e uma capacidade anual de transporte de gás de 31 bilhões de metros cúbicos. Atualmente, o projeto do "Corredor Meridional" enfrenta várias restrições na escolha de fontes de gás, entrada de gasodutos em países de trânsito e ambiente internacional, além de dificuldades na execução de planos de suprimento energético. A UE tem ainda muito a prosseguir para a concretização da sua segurança energética.

美国“新丝绸之路计划”

美国“新丝绸之路计划”起源于霍普金斯大学弗雷德里克·斯塔尔教授于 2005 年提出的“新丝绸之路”构想。2011 年 7 月，时任美国国务卿希拉里在印度参加第二次美印战略对话期间正式提出了“新丝绸之路计划”：以阿富汗为中心，通过中亚和南亚在政治、安全、能源、交通等领域的合作，建立一个由亲美的、实行市场经济和世俗政治体制的国家组成的新地缘政治版块，推动包括阿富汗在内的中亚地区国家的经济社会发展，服务于美国在该地区的战略利益。同年 10 月，美国国务院向美国驻有关国家大使馆发出电报，要求将美国的中亚、南亚政策统一命名为“新丝绸之路”战略，并将其向国际伙伴通报。这标志着“新丝绸之路计划”正式成为美国的官方政策。目前，“新丝绸之路计划”的部分项目已经完工，如乌兹别克斯坦—阿富汗铁路已经竣工，塔吉克斯坦桑土达水电站开始向阿富汗送电。从美

Estados Unidos: Iniciativa "Nova Rota da Seda"

A iniciativa "Nova Rota da Seda" dos EUA se originou da ideia proposta em 2005 pelo professor Frederick Starr, da Universidade Johns Hopkins. Durante o segundo Diálogo Estratégico EUA-Índia realizado em julho de 2011 na Índia, a então secretária de Estado dos EUA, Hillary Clinton, apresentou oficialmente a iniciativa. Tendo o Afeganistão como centro, esta iniciativa visa estabelecer, através da cooperações entre a Ásia Central e a Ásia Meridional em áreas de política, segurança, energia e comunicações, uma nova zona geopolítica composta por países pró-americanos de economia de mercado e de sistema político secular, promovendo o desenvolvimento socioeconômico dos países da região da Ásia Central, incluindo o Afeganistão, em serviço aos interesses estratégicos dos EUA nessa região. Em outubro do mesmo ano, o Departamento de Estado dos EUA enviou um telegrama para suas embaixadas nos países relacionados, pedindo a adoção da "estratégia de nova Rota da Seda" como a denominação unificada de suas políticas para com a Ásia Central e Ásia Meridional e comunicando essa mudança aos parceiros internacionais. Daí, a iniciativa "Nova Rota da Seda" se tornou uma política oficial dos EUA. Atualmente, uma parte dos projetos foi concluída, tais como a linha férrea Uzbequistão-Afeganistão e a Estação Hidrelétrica Sangtuda no Tadjiquistão, que já começou a transmissão de eletricidade ao Afeganistão.

国的官方表态及实际进展来看，该计划虽然面临许多困难和风险，如地区内国家基础设施落后、资金不足、相互缺乏信任，以及恐怖主义和极端主义肆虐等，但美国从未明确放弃该计划。

A atitude oficial dos EUA e o andamento do programa indicam que, apesar das dificuldades e riscos, como a infraestrutura subdesenvolvida da região, a falta de capitais e de confiança mútua, assim como atividades intensas do terrorismo e extremismo, os EUA nunca deram um sinal explícito de abandonar a iniciativa.

韩国“丝绸之路快速铁路”

时任韩国总统朴槿惠于2013年10月提出了名为“丝绸之路快速铁路”的构想，旨在构建连接韩国、朝鲜、俄罗斯、中国、中亚、欧洲的丝绸之路快速铁路，并在欧亚地区构建电力、天然气和输油管线等能源网络。“丝绸之路快速铁路”是韩国“欧亚倡议”的核心内容之一，它以铁路为中心，通过铁路、道路、港口及航空构筑起一体化的物流运输交通体系。韩国的“丝绸之路快速铁路”计划因朝韩关系停滞、“欧亚倡议”落地困难等原因而踟蹰不前。作为中国的近邻，韩国政府和企业对“一带一路”建设的关注正在逐步增加。

Coreia do Sul: “Expresso da Rota da Seda”

A então presidente da Coreia do Sul, Park Geun-hye, apresentou em outubro de 2013 a ideia de construir o “Expresso da Rota da Seda” que visa conectar a Coreia do Sul, República Popular Democrática da Coreia (RPDC), Rússia, China, Ásia Central e Europa, além de construir uma malha energética envolvendo eletricidade, gasoduto e oleoduto na região eurasiática. O “Expresso da Rota da Seda” é um dos conteúdos-chave da “Proposta Eurasiática” da Coreia do Sul, um sistema integrado de transporte e logística, composto por ferrovias, rodovias, portos e vias aéreas, tendo linhas férreas como artéria.

O plano não avançou em decorrência do relacionamento estagnado entre a Coreia do Sul e a RPDC e da dificuldade de implementação da “Proposta Eurasiática”. Como vizinho da China, o governo e as empresas da Coreia do Sul dedicam uma atenção cada vez maior à construção do Cinturão e da Rota.

日本“丝绸之路外交”

日本“丝绸之路外交”由时任首相桥本龙太郎于1997年首次提出，初衷是保障日本能源来源的多元化。桥本龙太郎倡议把中亚及高加索八国称为“丝绸之路地区”，并将其置于日本新外交战略的重要位置。此后，日本对中亚的外交逐渐被称为“丝绸之路外交”。日本提出这一战略有如下意图：一是从经济利益考虑出发，保障自身能源来源的多元化，抢先占据中亚地区这个储量不亚于中东的能源宝库；二是从地缘政治着眼，谋求日本在中亚和高加索地区站稳脚跟。2004年，日本重提“丝绸之路外交”战略，并推动设立“中亚+日本”合作机制，旨在通过加强政治影响和经济渗透来争取中亚地区的能源开发与贸易主导权。2012年，日本向“丝绸之路地区”提供2191.3万美元的政府发展援助，投资领域涉及道路、机场、桥梁、发电站、运河等基础设

Japão: "Diplomacia da Rota da Seda"

A "Diplomacia da Rota da Seda" do Japão foi inicialmente proposta em 1997 pelo ex-primeiro-ministro japonês, Ryutaro Hashimoto, cuja finalidade original era garantir a diversidade de fontes de energia do Japão. A proposta de Hashimoto definiu a Ásia Central e os oito países do Cáucaso como "Região da Rota da Seda" e a colocou numa posição importante na nova estratégia diplomática do Japão. Desde então, a "Diplomacia da Rota da Seda" se tornou gradualmente o nome mais conhecido das suas políticas diplomáticas para a Ásia Central. Com a estratégia, o Japão teve o objetivo de, pelo lado do interesse econômico, garantir a diversidade de fontes de energia e sua presença prioritária na Ásia Central e na região do Cáucaso, depósitos de energia que abrigam nada menos que o Oriente Médio, e, pelo lado geopolítico, buscar o reforço de sua posição nas mesmas regiões.

Em 2004, o Japão lançou de novo a estratégia de "Diplomacia da Rota da Seda" e se esforçou para criar um mecanismo cooperativo da "Ásia Central+Japão" com a finalidade de obter, por meio da ampliação de sua influência política e de infiltração econômica, uma posição dominante para a exploração energética e o comércio na Ásia Central. Em 2012, o país forneceu para a "Região da Rota da Seda" uma assistência governamental de desenvolvimento no valor de US$ 21,913 milhões para a construção de infraestrutura como rodovia, aeroporto, ponte, estação hidrelétrica

施建设。2015 年 10 月，安倍晋三出访蒙古和中亚五国，目的是要激活“日本与中亚对话”机制，侧重在运输和物流等领域促进合作，表明“日本针对中国的‘跟跑外交’策略已在中亚拉开帷幕”。

e canal. Em outubro de 2015, o primeiro-ministro japonês, Shinzo Abe, visitou a Mongólia e os cinco países da Ásia Central com o fim de revitalizar o mecanismo de “Diálogo Japão-Ásia Central” e buscar, como prioridade, a cooperação em áreas de transporte e logística, ato que “deu início à sua ´corrida diplomática´ com a China na região da Ásia Central”.

合作案例

Projetos de cooperação

中白工业园

2010 年 3 月，时任中国国家副主席习近平到访白俄罗斯，白俄罗斯政府希望能够借鉴中国—新加坡苏州工业园区的模式，在其境内建立中白工业园。2011 年 9 月 18 日，两国政府签订了关于中白工业园的协定。2012 年 8 月 27 日，中白工业园区开发股份有限公司成立。2014 年 6 月 19 日，该工业园在明斯克奠基。2015 年 5 月 10 日，习近平主席在与卢卡申科总统会谈时，建议推动两国发展战略对接，共建丝绸之路经济带，把中白工业园建设作为合作重点，发挥政府间协调机制作用，谋划好园区未来发展，将园区项目打造成丝绸之路经济带上的明珠和双方互利合作的典范。中白工业园是中国在海外建设的层次最高、开发面积最大、政策条件最为优越的工业园区。该工业园总面积 91.5 平

Parque Industrial China-Belarus

Durante a visita do então vice-presidente da China, Xi Jinping, à Belarus em março de 2010, o governo bielorrusso expressou o desejo de estabelecer em seu país, um parque industrial China-Belarus no modelo do Parque Industrial China-Singapura criado em Suzhou na província de Jiangsu. No dia 18 de setembro de 2011, os governos chinês e bielorrusso assinaram um acordo sobre a construção do parque industrial. E no dia 27 de agosto de 2012 foi criada a Companhia de Desenvolvimento do Parque Industrial China-Belarus Ltda. O projeto foi inaugurado em Minsk no dia 19 de junho de 2014.

Durante o encontro realizado no dia 10 de maio de 2015, o presidente chinês, Xi Jinping, e o presidente bielorrusso, Aleksandr Lukashenko, sugeriram promover a conexão das estratégias de desenvolvimento dos dois países e construir em conjunto o Cinturão Econômico da Rota da Seda, tendo a construção do Parque Industrial China-Belarus como prioridade da cooperação bilateral. Os dois países concordaram em desempenhar o mecanismo de coordenação intergovernamental e elaborar bem o plano de desenvolvimento do projeto para que este seja uma pérola no Cinturão, além de um projeto exemplar de cooperação ganha-ganha.

O projeto consiste em um parque industrial construído pela China no exterior com o mais alto nível, a área mais extensa e as condições políticas mais preferenciais. Com uma área total de 91,5 quilômetros quadrados, o parque in-

方千米，连接欧亚经济联盟与欧盟国家，国际公路、洲际公路、铁路穿越园区，具有良好的区位优势。中白工业园将以先进制造业和现代服务业为支撑，吸引和积聚智力资源，建成集“生态、宜居、兴业、活力、创新”五位一体的国际新城。

dustrial está interligado com os países da União Econômica da Eurásia e com os membros da União Europeia por rodovias e linhas férreas internacionais e intercontinentais, possuindo uma sólida vantagem de localização. Dispondo da indústria manufatureira avançada e da indústria de serviços modernas como pilares, o Parque Industrial China-Belarus tem o propósito de atrair e reunir recursos de inteligência para construir uma nova cidade internacional “amigável ao meio ambiente, habitável, próspera, dinâmica e inovadora”.

瓜达尔港自由区

2013 年 5 月，在李克强总理出访巴基斯坦过程中，双方同意共同建设“中巴经济走廊”，涉及能源、交通基建等多个方面的合作。2015 年 4 月，习近平主席出访巴基斯坦，进一步推进两国合作事宜。作为“中巴经济走廊”重点项目之一和瓜达尔港开发项目的重要组成部分，瓜达尔港自由区将以港口为依托，重点发展商贸物流、加工贸易、仓储和金融等产业。该自由区奠基仪式于 2016 年 9 月 1 日举行，巴基斯坦总理谢里夫出席，这标志着瓜达尔港建设从港区朝着工业园区扩展，进入新的发展阶段。瓜达尔港自由区将沿用类似深圳蛇口的建设模式，形成一个包括“港口 + 园区 + 城区”的综合体。巴基斯坦方面将会在土地使用、税收等多个方面给予该自由区以优惠。建成后的瓜达尔港自由区将不仅仅发挥单纯的港口运输功能，围绕这一自由区将形成一整个工

Zona Livre do Porto de Gwadar

Durante a visita do primeiro-ministro chinês, Li Keqiang, ao Paquistão em maio de 2013, os dois países chegaram a um consenso sobre a construção conjunta do Corredor Econômico China-Paquistão, incluindo cooperações em áreas de energia, comunicações e infraestrutura. O acordo foi promovido durante a visita do presidente chinês, Xi Jinping, ao Paquistão em abril de 2015.

Sendo um dos projetos prioritários do Corredor Econômico China-Paquistão e uma parte importante do projeto de desenvolvimento do porto de Gwadar, a Zona Livre do Porto de Gwadar baseia-se nas condições do porto e prioriza o desenvolvimento da logística comercial, assim como do comércio de processamento, armazenamento e finanças.

Foi realizada no dia 1º de setembro de 2016 a cerimônia de lançamento da pedra fundamental da Zona Livre, da qual participou o primeiro-ministro paquistanês, Nawaz Sharif, marcando uma nova fase do desenvolvimento do porto de Gwadar, a de construção portuária para um parque industrial. Baseada no modelo da Zona de Shekou da cidade chinesa de Shenzhen, a Zona Livre do Porto de Gwadar será construída como um complexo integrado de porto, parque industrial e zona urbana, a qual o Paquistão concederá condições preferenciais no uso de terreno, nas políticas fiscais, entre outras vantagens. Após sua conclusão, a zona livre terá uma função não só de transporte portuário, mas também concentrará um parque industrial e

业园区，以及相关的贸易、金融多个产业聚集区，不仅会极大地推动瓜达尔港加速开发，而且将带动巴基斯坦俾路支省乃至全国的整体发展。

várias áreas de comércio e finanças, promovendo de forma significativa tanto o desenvolvimento do porto de Gwadar como também o desenvolvimento integral da província do Baluchistão e de todo o país.

科伦坡港口城

科伦坡港口城是斯里兰卡目前最大的外国投资项目，位于首都科伦坡核心商贸区，通过在科伦坡港口附近填海造地的方式，建造一个有高尔夫球场、酒店、购物中心、水上运动区、公寓和游艇码头在内的港口城。该项目由中国交通建设股份有限公司与斯里兰卡国家港务局共同开发。该项目并非两国的政府间项目，而是公私合营的投融资项目，即由斯里兰卡政府负责环境、规划和施工许可，中国企业负责投融资、规划、施工和运营。按最初计划，该港口城规划建筑规模超过530万平方米，工程直接投资14亿美元，将带动二级开发投资约130亿美元，为斯里兰卡创造超过8.3万个长期就业岗位。该项工程于2014年9月17日开工，后因斯里兰卡大选以及政府更迭等因素影响，建设进展有所延宕。经中方多方面交涉，在2016年8月签署新的三方协议后，该工程项目得以继续推进。

Cidade Portuária de Colombo

A Cidade Portuária de Colombo é o maior projeto no Sri Lanka com investimento estrangeiro. Localizado no distrito central de negócios de Colombo, capital administrativa do país, o projeto visa construir, através do aterramento marítimo, uma cidade portuária com campo de golfe, hotel, shopping center, zona de esporte aquático, bairro de condomínios e marina. A Companhia de Construção de Comunicações da China Ltda, e a Autoridade Portuária do Sri Lanka assumem em conjunto a construção do projeto, conferindo a ele a natureza de parceria público-privada, isto é, o governo do Sri Lanka é responsável pelos assuntos nas áreas de meio ambiente, planejamento e autorização da construção, enquanto a empresa chinesa, pelos assuntos de investimento, financiamento, elaboração de planos, construção de obras e gerenciamento. Segundo o plano inicial, a área projetada irá superar 5,3 milhões de metros quadrados com um investimento direto de US$ 1,4 bilhão, que possibilitará um investimento indireto de US$ 13 bilhões e a criação de mais de 83 mil postos de trabalho permanentes para o Sri Lanka. O projeto entrou em construção no dia 17 de setembro de 2014, mas seu andamento era lento devido às campanhas presidenciais e à mudança de governo do Sri Lanka. Sob esforços da parte chinesa, um acordo tripartido foi assinado em agosto de 2016 após uma série de negociações, e o projeto teve continuidade.

中欧班列

2011年3月，自重庆出发的首趟中欧班列从新疆阿拉山口口岸出境，标志着铁路开始成为海运、空运之外连接亚欧大陆的第三条运输大道。此后，在“一带一路”倡议的推动下，中欧班列进入高速发展期。2015年3月中国发布的《推动共建丝绸之路经济带和21世纪海上丝绸之路的愿景与行动》，明确将中欧班列建设列为国家发展重点。2016年6月8日起，中国铁路正式启用“中欧班列”统一品牌。目前，40条中欧班列线经新疆、内蒙古、东北三个方向出境，通往中亚、俄罗斯、中东欧、西欧等地。随着义乌至伦敦线于2017年1月开通，“中欧班列”的开行范围已覆盖欧洲10个国家的15个城市。据统计，2016年，中国共开行“中欧班列”1702

Trem de Carga China-Europa

Em março de 2011, o primeiro trem de carga China-Europa partiu de Chongqing, cidade no Sudoeste da China, e saiu do país pelo porto terrestre de Alashankou em Xinjiang, que se situa na fronteira entre a China e o Cazaquistão. Dessa forma, a linha ferroviária se tornou a terceira via de transporte entre a Ásia e a Europa além das vias marítimas e aéreas. Em seguida, o transporte ferroviário China-Europa entrou num período de rápido desenvolvimento, impulsionado pela iniciativa "Um Cinturão e Uma Rota".

Em março de 2015, a China divulgou o documento intitulado *Perspectiva e Ação sobre a Construção Conjunta do Cinturão Econômico da Rota da Seda e da Rota da Seda Marítima do Século 21*, definindo o desenvolvimento do transporte ferroviário China-Europa como prioridade estatal. No dia 8 de junho de 2016, a Ferrovia Chinesa (CR, na sigla em inglês) adotou oficialmente a marca unificada do "Trem de Carga China-Europa" (China Railway Express).

Atualmente, 40 linhas do Trem de Carga China-Europa se estendem a partir de três regiões chinesas - Xinjiang, Mongólia Interior e Nordeste - para a Ásia Central, a Rússia e as regiões central, oriental e ocidental da Europa. Com a inauguração da linha entre a cidade chinesa de Yiwu e Londres, capital britânica, em janeiro de 2017, o Trem de Carga China-Europa passou a conectar 15 cidades em dez países europeus.

Em 2016, 1.702 trens China-Europa partiram da China,

列，同比增长109%。中欧班列作为“铁轨上的‘一带一路’”，推进了中国与沿线国家的互联互通，它不再只是一条条开放的线段，而是已形成一张开放的网络；它不仅发挥着货物运输通道的功能，而且将承担更多的使命：吸纳全球资金、资源、技术、人才等产业要素，发挥全球产业衔接功能。

um aumento de 109% em relação ao ano anterior. Considerado um programa “Um Cinturão e Uma Rota” sobre trilhos, o Trem de Carga China-Europa vem contribuindo para a interconectividade entre a China e os países ao longo das rotas. As linhas férreas, que funcionavam como segmentos individuais, estão interligadas em uma malha aberta, que serve não apenas ao transporte de mercadorias, mas também assume a missão de absorver, no âmbito internacional, insumos como capitais, recursos, tecnologias e talentos, além de conectar as cadeias industriais globais.

雅万铁路

雅万铁路是中国企业参与投资建设的印度尼西亚首条高速铁路，从该国首都雅加达至第四大城市万隆，全长 150 千米，将采用中国技术、中国标准和中国装备，设计时速为每小时 250 至 300 千米。建成通车后，从雅加达至万隆的时间将缩短为约 40 分钟。2015 年 10 月 16 日，中国铁路总公司在雅加达与印度尼西亚四家国有企业签署协议，组建中国—印尼雅万高铁合资公司，负责印尼雅加达至万隆高速铁路项目的建设和运营。雅万高铁项目是国际上首个由政府主导搭台、两国企业间进行合作建设的高铁项目，是国际铁路合作模式的一次探索和创新。2016 年 1 月 21 日，雅万高铁项目开工奠基。雅万铁路不仅将直接拉动印尼冶炼、制造、基建、电力、物流等配套产业发展，增加就业机会，推动产业结构升级，而且建成通车后，能够极大地方便民众出行，促进沿线商业开发，带动沿线旅游产业快速发展，并为中国—印尼之间在基础设施、商贸等领域的进一步合作奠定良好基础。

Ferrovia Jacarta-Bandung

A ferrovia Jacarta-Bandung, primeira via férrea de alta velocidade da Indonésia, que obteve participação de empresas chinesas tanto no investimento quanto na construção, tem uma extensão de 150 quilômetros, ligando Jacarta, capital da Indonésia, a Bandung, quarta maior cidade do país. Com uma velocidade projetada de 250 a 300 km/h, a ferrovia adota tecnologia, padrão e equipamentos chineses. Com o funcionamento desta linha ferroviária, o tempo da viagem no percurso será reduzida para apenas 40 minutos.

No dia 16 de outubro de 2015, em Jacarta, a Ferrovia Chinesa (CR) assinou um acordo com quatro empresas estatais indonésias para formar uma *joint venture* China-Indonésia da ferrovia Jacarta-Bandung, responsável pela construção e gestão do projeto. Na condição do primeiro projeto realizado sob o molde de coordenação governamental com cooperação empresarial, este projeto representa uma tentativa de inovação no modelo de cooperação internacional para a construção de ferrovias. As obras começaram no dia 21 de janeiro de 2016. A expectativa é que a ferrovia alavanque o desenvolvimento das indústrias siderúrgica, manufatureira, elétrica, de infraestrutura e logística da Indonésia, contribua para o aumento de emprego e para a atualização da estrutura industrial, além de facilitar enormemente o deslocamento da população e promover o comércio e o turismo ao longo da linha, lançando ainda uma base sólida para novas cooperações entre a China e a Indonésia nos campos de infraestrutura e comércio.

中老铁路

2010 年 4 月，中国与老挝两国间首次就合资建设、共同经营中老铁路达成共识；2012 年 10 月，老挝国会批准了中老铁路项目；2015 年 12 月，中老铁路老挝段举行了奠基仪式；2016 年 12 月 25 日，中老铁路全线开工仪式在老挝北部琅勃拉邦举行。中老铁路不仅是第一个以中方为主投资建设、共同运营并与中国铁路网直接联通的境外铁路项目，也是继印尼雅万高铁项目之后第二个全面采用中国标准、中国技术和装备的国际铁路建设项目。该条线路同时也将成为泛亚铁路网的重要组成部分。中老铁路北起两国边境磨憨—磨丁口岸，南至万象，全长 400 多千米，其中 62.7% 以上路段为桥梁和隧道，设计时速 160 千米，预计 2021 年建成通车，总投资近 400 亿人民币，由中老双方按 70% 和 30%

Ferrovia China-Laos

Em abril de 2010, China e Laos chegaram a um consenso, pela primeira vez, sobre o investimento conjunto para a construção e a gestão da ferrovia China-Laos. Em outubro de 2012, o projeto foi aprovado pela Assembleia Nacional laosiana. Em dezembro de 2015, foi realizada a cerimônia de lançamento da pedra fundamental para iniciar as obras do segmento no Laos. E, no dia 25 de dezembro de 2016, uma cerimônia inaugural das obras em toda a linha férrea foi realizada em Louangphrabang, no Norte do Laos. A ferrovia China-Laos é o primeiro projeto estrangeiro que tem a China como o principal investidor para a sua construção e adota a gestão conjunta, além de se conectar diretamente com a malha ferroviária chinesa. É também o segundo projeto de construção ferroviária internacional que adota os padrões, tecnologia e equipamentos chineses, depois do projeto da ferrovia de alta velocidade Jacarta-Bandung, na Indonésia. Com a conclusão de todas as obras, ela fará parte da rede ferroviária pan-asiática.

A ferrovia China-Laos se estende, no sentido norte-sul, por aproximadamente 400 quilômetros desde o porto de Mohan-Boten na fronteira sino-laosiana até Vientiane, capital do Laos. Pontes e túneis representam 62,7% dos segmentos. Com uma velocidade projetada de 160 km/h, a ferrovia entrará em funcionamento em 2021, segundo previsões. A China e o Laos dividem o investimento total, de cerca de 40 bilhões de yuans, na proporção de 70% e 30%,

的股比合资建设。中老铁路项目建成后，一方面将极大地带动老挝经济社会发展，提高当地运输效率和水平，扩大和提升老中两国在经济、贸易、投资、旅游等领域的合作，进一步增强中国—东盟自贸区的经济联系；另一方面也将为中国西南地区经济发展注入新的动力。

respectivamente.

A estrada de ferro irá alavancar o desenvolvimento socioeconômico do Laos, melhorar a eficiência e o nível de transporte local e ampliar a cooperação entre os dois países nas áreas de economia, comércio, investimento e turismo. Também contribuirá para reforçar os laços econômicos entre a China e a Zona de Livre Comércio da Associação das Nações do Sudeste Asiático (Asean) e injetará uma nova força motriz para o crescimento econômico do Sudoeste chinês.

中泰铁路

中泰铁路是中国与泰国合作建设的泰国首条标准轨铁路，按最初计划，该铁路全线总长近 900 千米。2012 年，时任泰国总理英拉访华，两国提出“大米换高铁”计划，但随着泰国政局的动荡，这一计划被搁置。2014 年 12 月 6 日，泰国国家立法议会批准中泰铁路合作谅解备忘录草案。同年 12 月 19 日，李克强总理和巴育总理共同见证了《中泰铁路合作谅解备忘录》的签署，随后，中泰铁路进入正式协商阶段。2015 年 12 月 19 日，中泰铁路项目在泰国举行了启动仪式。2016 年年初，中泰铁路曼谷—呵叻段开工建设，大约 3 年内完工，而整条线路将在 5 年内建设完成。中泰铁路合作项目是中国“一带一路”倡议与泰国巴育政府基础设施建设规划有效对接的范例。中泰铁路主要途经泰国东北部地区，所经站点均为泰国重要城市，因此将大大促进泰国东北部经济发展，惠及民生。

Ferrovia China-Tailândia

A ferrovia China-Tailândia, um projeto de cooperação sino-tailandesa, é a primeira via férrea de bitola padrão na Tailândia. Conforme o plano inicial, a ferrovia tem uma extensão de aproximadamente 900 quilômetros. Em 2012, a então primeira-ministra tailandesa, Yingluck Shinawatra, visitou a China, ocasião em que os dois países formularam o plano de "arroz por ferrovia de alta velocidade". Por motivo das turbulências no governo tailandês, o plano ficou suspenso. No dia 6 de dezembro de 2014, a Assembleia Legislativa Nacional da Tailândia aprovou o esboço do *Memorando de Entendimento sobre a Cooperação para a Construção da Ferrovia China-Tailândia*. O documento foi assinado oficialmente no dia 19 de dezembro do mesmo ano, sob a presença dos primeiros-ministros chinês e tailandês, Li Keqiang e Prayuth Chanocha. Daí, os dois países começaram as negociações oficiais sobre a construção da ferrovia. No dia 19 de dezembro de 2015, a cerimônia de lançamento do projeto de construção foi realizada na Tailândia. No início de 2016, foram inauguradas as obras do segmento Bangcoc-Nakhon Ratchasima com a conclusão prevista para um prazo de três anos. Todas as obras da ferrovia devem terminar em cinco anos.

O projeto da ferrovia China-Tailândia, uma cooperação exemplar, interliga a iniciativa "Um Cinturão e Uma Rota" da China e o plano de construção de infraestrutura do governo de Prayuth Chanocha, da Tailândia. A ferrovia passará pelo Nordeste tailandês e terá estações nas principais cidades da região, contribuindo para o crescimento econômico e o bem-estar da população local.

蒙内铁路

蒙内铁路是东非铁路网的起始段，全长 471 千米，设计运力 2500 万吨，设计客运时速 120 千米、货运时速 80 千米，连接肯尼亚首都内罗毕和东非第一大港蒙巴萨港，是首条在海外全部采用“中国标准”建造的铁路。它因为是肯尼亚百年来修建的第一条新铁路，所以有该国“世纪铁路”之称。该铁路于 2014 年 10 月正式开工建设，预计 2017 年 6 月 1 日开通试运行。建成后，蒙巴萨到内罗毕将从目前的 10 多个小时缩短到 4 个多小时。根据远期规划，该铁路将连接肯尼亚、坦桑尼亚、乌干达、卢旺达、布隆迪和南苏丹等东非 6 国，促进东非现代化铁路网的形成和地区经济发展。据统计，蒙内铁路建设期间，为肯尼亚带来近 3 万个就业机会，年均拉动国内生产总值增长 1.5%。建成后，当地物流成本可以降低 40%。

Ferrovia Mombaça-Nairóbi

A ferrovia Mombaça-Nairóbi, seção inicial da rede de estrada de ferro no Leste da África, tem uma extensão total de 471 quilômetros e conta com uma capacidade de transporte projetada de 25 milhões de toneladas. A velocidade de transporte de passageiros atinge 120 km/h, enquanto a de transporte de carga, 80 km/h. Liga Nairóbi, capital do Quênia, e Mombaça, maior porto no Leste da África, sendo a primeira ferrovia construída fora da China de acordo com os padrões nacionais chineses. Trata-se da primeira estrada de ferro construída nos últimos 100 anos no Quênia, razão pela qual recebeu o nome de "Ferrovia do Século". As obras de construção começaram oficialmente em outubro de 2014. A estrada de ferro entrará em operação experimental no dia 1º de junho de 2017, segundo o plano previsto, e deverá reduzir o tempo da viagem entre Mombaça e Nairóbi de dez horas para cerca de quatro horas.

Conforme um plano de longo prazo, a ferrovia vai conectar seis países do Leste da África: Quênia, Tanzânia, Uganda, Ruanda, Burundi e Sudão do Sul, promovendo a criação de uma malha ferroviária moderna e o crescimento econômico da região. Durante a construção, conforme dados estatísticos, a ferrovia tem possibilitado ao Quênia a geração de aproximadamente 30 mil empregos e um aumento de 1,5% do PIB, em média, a cada ano. Com a conclusão total das obras, o custo logístico local será reduzido em 40%.

亚的斯–阿达玛高速公路

亚的斯—阿达玛高速公路是埃塞俄比亚乃至东非地区首条高速公路。这条高速公路由中国政府融资支持，全部采用中国技术和标准承建。该条公路连通埃塞俄比亚首都亚的斯亚贝巴和该国第二大城市阿达玛，对改善埃塞俄比亚民众出行、提高运输效率及吸引外商投资发挥着重要作用。该公路全长 100 多千米，一期和二期项目分别于 2014 年 5 月和 2016 年 8 月竣工。项目实施中，承建的中国企业不仅雇佣大量本地劳动力，也对埃塞俄比亚输出了技术和管理经验，有助于埃塞俄比亚加强基建能力建设。

Autoestrada Adis Abeba-Adama

A via expressa Adis Abeba-Adama é a primeira autoestrada na Etiópia e até mesmo no Leste da África. Construída com financiamento do governo chinês e tecnologias e padrões chineses, ela liga a capital do país africano e sua segunda maior cidade, Adama, desempenhando um importante papel para melhorar as condições de deslocamento da população e a eficiência do transporte, assim como para atrair investimentos estrangeiros.

Com uma extensão de mais de 100 quilômetros, as obras das primeira e segunda etapas terminaram em maio de 2014 e em agosto de 2016, respectivamente. Na construção, a empreiteira chinesa não só contratou um grande número de mão de obra local, como ainda transferiu à Etiópia a tecnologia e as experiências de gestão, ajudando o país no reforço da construção de infraestrutura.

卡洛特水电站

卡洛特水电站位于巴基斯坦北部印度河支流吉拉姆河上，距离首都伊斯兰堡的直线距离约 55 千米，是“一带一路”建设的首个水电项目，也是丝路基金 2014 年年底注册成立后投资的首个项目，同时还是“中巴经济走廊”优先实施的能源项目之一，更是迄今为止中国企业在海外投资在建的最大绿地水电项目。该项目采用“建设—经营—转让”的运作模式，已于 2015 年年底正式开工建设，预计 2020 年可以投入运营，运营期为 30 年，到期后无偿转让给巴基斯坦政府。该水电站的规划装机容量是 72 万千瓦，每年发电 32.13 亿度，总投资金额约 16.5 亿美元。除主要用于发电外，该项目还有防洪、拦沙、改善下游航运条件和发展库区通航等综合效益。项目建设期间，可为当地提供 2000 多个直接就业岗位，同时将带动当地电力配套行业的协调发展和产业升级。

Usina Hidrelétrica de Karot

A Usina Hidrelétrica de Karot situa-se no rio Jhelum, afluente do rio Indo, Norte do Paquistão. Localizada a 55 quilômetros da capital Islamabad, a usina é o primeiro projeto hidrelétrico sob o quadro da iniciativa "Um Cinturão e Uma Rota", o primeiro a receber investimento do Fundo da Rota da Seda após sua fundação no fim de 2014 e um dos projetos prioritários de energia do Corredor Econômico China-Paquistão. Tratando-se também do maior projeto hidrelétrico em construção com investimento e participação direta de empresas chinesas no exterior. O projeto, no modelo "Construir-Operar-Transferir" (BOT), entrou oficialmente em construção no final de 2015 e entrará em funcionamento em 2020, segundo o previsto. Após um período de operações de 30 anos, a usina será transferida gratuitamente ao governo paquistanês.

Com investimento de US$ 1,65 bilhão, a usina tem uma capacidade instalada de 720 mil quilowatts e sua geração anual de eletricidade atinge 3,2 bilhões de quilowatts-hora. Além de geração da eletricidade, o projeto tem também as funções de prevenir inundações, reter sedimentos, melhorar as condições de navegação no curso inferior e desenvolver a navegação em áreas de reservatórios. Durante a construção, o projeto irá gerar para a população local mais de 2.000 postos de trabalho, assim como promoverá o desenvolvimento coordenado e a atualização de setores ligados à indústria elétrica local.

图书在版编目（CIP）数据

中国关键词．“一带一路”篇：汉葡对照 / 中国外文出版发行事业局，中国翻译研究院，中国翻译协会著；蔚玲等译．-- 北京：新世界出版社，2017.5（2017.12 重印）
ISBN 978-7-5104-6254-2

Ⅰ．①中… Ⅱ．①中… ②中… ③中… ④蔚… Ⅲ．①中国特色社会主义－社会主义建设模式－研究－汉、葡 ②“一带一路”－国际合作－研究－汉、葡 Ⅳ．① D616 ② F125.5

中国版本图书馆 CIP 数据核字 (2017) 第 071754 号

中国关键词：“一带一路”篇（汉葡对照）

作　　者：中国外文出版发行事业局　中国翻译研究院　中国翻译协会
翻　　译：施　倞　朱文隽　李金川
审　　定：蔚　玲
改　　稿：Rafael Imolene Fontana（巴西）
责任编辑：葛文聪
特约编辑：李　旭　陶　红　步　繁
责任印制：王宝根
出版发行：新世界出版社
社　　址：北京西城区百万庄大街 24 号（100037）
发 行 部：(010) 6899 5968　(010) 6899 8705（传真）
总 编 室：(010) 6899 5424　(010) 6832 6679（传真）
http://www.nwp.cn　http://www.nwp.com.cn
版 权 部：+8610 6899 6306
版权部电子信箱：nwpcd@sina.com
印　　刷：北京中印联印务有限公司
经　　销：新华书店
开　　本：120mm × 200mm　1/32
字　　数：100 千字　　印　　张：6
版　　次：2017 年 5 月第 1 版　2017 年 12 月北京第 2 次印刷
书　　号：ISBN 978-7-5104-6254-2
定　　价：78.00 元